Rhagair

Yn ddieithriad, bydd yr hyn y mae'r cyhoedd yn ei ddisgwyl gan ffilm yn dibynnu ar y cyhoeddusrwydd sydd yn ei ragflaenu, y wybodaeth a gasglwyd dros gyfnod o amser drwy'r tameidiau o ffilm a welwyd ar y teledu, y sylw a dalwyd i'r ffilm gan y wasg, a'r posteri ffilm eu hunain. Y mae'r broses hon o greu cyhoeddusrwydd yn un faith a chymleth; tamaid i aros pryd ydyw, gyda'r bwriad o ysgogi disgwyliadau cynulleidfa ryngwladol. Y mae'n ganolog i'r diwydiant ffilmiau; yn wir, ni ellir gorddweud pa mor bwysig ydyw, gan fod cyfalaf sylweddol wedi ei fuddsoddi yn y cynnyrch, a chan fod y rheini sy'n ymwneud â chynhyrchu ffilm neilltuol yn mentro eu gyrfaoedd hefyd. Y mae posteri ffilm yn rhan hanfodol o'r broses hon gan mai hwy yw'r cysylltiad mwyaf uniongyrchol fydd gan y cyhoedd â'r ffilm; sumbol ydynt y tu allan i'r sinema o'r pleserau oddi mewn.

Cywaith rhwng dylunydd a chwsmer yw'r mater o gynhyrchu poster ffilm, adlewyrchiad o natur gydweithredol y broses wneuthur ffilmiau ei hunan. Prin y gallai gwaith y dylunwyr hyn fod yn fwy cyhoeddus nag ydyw–fe'i gwelir gan filoedd wrth iddynt deithio adref ar y tren tanddaearol–ac eto, anaml iawn y gŵyr neb lawer am y dylunwyr eu hunain fel unigolion; hwy yw "gwŷr anghof graffeg". Y mae'r arddangosfa hon yn gymaint o deyrnged i'w teimladrwydd a'u galluoedd hwy ag ydyw'n adlewyrchiad o amrywiaeth ac ansawdd y posteri ffilm a gynhyrchwyd yn America ac yng ngwledydd Prydain yn ystod y pedwar ugain mlynedd diwethaf.

Y mae arnom ddiolch arbennig i Peter Strevens am ddethol y gweithiau ar gyfer yr arddangosfa hon, gorchwyl a oedd ymhell o fod yn un hawdd o gofio mai dim ond ar ôl iddo fwrw golwg dros bron fil o bosteri, gyda llawer eraill ar ôl heb eu gweld, y teimlodd fod yn rhaid penderfynu rhywfodd, fod yn rhaid gwneud detholiad terfynol. Dyma'r arddangosfa fawr gyntaf o bosteri ffilm yng ngwledydd Prydain, pwnc y sylweddolwyd yn fuan iawn cyn lleied o wybodaeth a oedd ar gael amdano; golygai hyn na allai ei ffurf, o fewn terfynau'r amser a'r adnoddau a oedd ar gael i'r trefnwyr, wneud dim byd mwy nag adlewyrchu ymateb personol i'r posteri. Y mae'r detholiad hwn yn adlewyrchu brwdfrydedd a bywiogrwydd meddwl Peter Strevens wrth iddo ymgymryd â'r gorchwyl hwn. Gobeithio y bydd i'r arddangosfa hon ysgogi mwy o ymchwil difrifol, ac arddangosfeydd eraill o bosteri ffilm.

Yr ydym yn arbennig o ddiolchgar i Laurie Walker am gatalogio'r arddangosfa ac i Steve Neale am ei gyfraniad i'r cyhoeddiad hwn. Y mae arnom ddyled fawr hefyd i'r nifer fawr o fenthycwyr a gyfrannodd i'r arddangosfa hon, ac yn enwedig i Nico Diemer, Eric Pulford a Michelle Snapes am eu cydweithrediad a'u cefnogaeth.

Andrew Knight
Swyddog Arddangosfeydd

Foreword

The public's expectations of a film invariably depend on the publicity which precedes it, information which has been built up over a period of time through clips seen on television, press coverage and the film posters themselves. This publicity process is a long and complicated one, an appetizer designed to stimulate the expectations of an international audience. It is central to the film industry and its importance cannot be overestimated, as capital investment in the product is considerable as are the vested careers of those involved in the production of a film. Film posters are a crucial component in this system as they are the most immediate contact which the public has with a film, they symbolise outside the cinema the pleasures available within.

The production of a film poster is a corporate affair between designer and client, reflecting the collective enterprise of film making itself. The work of these designers couldn't be more public, seen by thousands travelling home on the underground, yet rarely does one know much of them as individuals, they are 'the forgotten men of graphics'. This exhibition is as much a tribute to their sensitivity and skills as it is a reflection of the variety and quality of British and American film posters produced over the last eighty years.

Our special thanks are due to Peter Strevens who made the selection for this exhibition, not an easy task when one considers that it was only after looking at close on a thousand posters, with many more left unseen, that he felt somehow the decisions had to be made, a selection finalised. This is the first major exhibition of film posters in this country, a subject on which one was soon made aware of the lack of information, thus dictating that, within the time and resources available to the organisers, its form could only reflect a personal reaction to the posters. This selection reflects the enthusiasm and awareness with which Peter Strevens undertook this task. It is hoped that this exhibition will provide a stimulus for further serious research and exhibitions of film posters.

We are especially grateful to Laurie Walker for cataloguing the exhibition and to Steve Neale for his contribution to this publication. We are also greatly indebted to the many lenders who have contributed to this exhibition and in particular to Nico Diemer, Eric Pulford and Michelle Snapes for their cooperation and encouragement.

Andrew Knight
Exhibitions Officer

Cyflwyniad

Aeth bron dwy flynedd heibio er i mi gychwyn ar fy ymchwil mewn ymdrech i ddod â'r casgliad hwn o bosteri ffilm at ei gilydd, ac unwaith i mi fynd ati o ddifrif yr oedd y gwahanol agweddau fel pe baent yn ymffurfio'n ddarlun cyflawn. Er i'r gwaith o gael golwg ar y deunydd ei hun fy hudo a'm cythruddo ar yr un pryd, erbyn i mi benderfynu fod yn rhaid dirwyn pethau i ben (wedi i mi weld yn agos at 1,000 o bosteri) yr oeddwn eisoes yn dechrau newid fy marn parthed yr hyn yr oeddwn i wedi ei ystyried yn ddylunio da neu yn ddylunio gwael yn y maes hwn.

Yna daeth y gwaith i ben dros dro oherwydd cwtogi ariannol a phwysau arddangosfeydd eraill Cyngor Celfyddydau Cymru; esgorodd hyn ar gyfnodau peryglus o fyfyrdod a hunan-amheuaeth parthed a ddylid parhau â'r casgliad o gwbl. Hyd yn oed mor hwyr â hyn, ddeufis cyn agor yr arddangosfa, yr wyf yn dal yn dra amheus; yn sicr, ni ffurfiais farn derfynol hyd yma ar beth yn union yw hanfodion poster ffilm da.

Gellir dadlau a yw'r poster gwastad, confensiynol (sef llun wedi ei beintio) yn wirioneddol effeithiol ai peidio er darbwyllo'r cyhoedd i offrymu eu harian wrth y swyddfa docynnau cyn gweld dim o'r cynnyrch y maent yn mynd i'w brynu. Ni ellir osgoi'r ffaith fod ein hymateb ni i'r posteri o dan argraff a dylanwad ein deall o gonfensiynau llawer o ddeunydd gwastad, argraffedig, byr-hoedlog arall ac er cymaint yr ymdrechwn (ac y mae hyn yn cynnwys arlunwyr posteri eu hunain), fe'i cawn hi'n anodd iawn i'w anghofio. Y mae'n wir y gallwn edrych ac oedi, ac yna edrych eto; hyd yn oed felly, y mae ein hymatebion wedi eu cyflyru i raddau helaeth iawn gan ddelwedd lonydd wedi ei hynysu oddi wrth bopeth arall, sef yr union beth nad yw'n nodweddiadol o ffilm.

Felly os ydym yn mynd i fyfyrio ar ystyriaethau sylfaenol mewn ymdrech i ddod o hyd i ddull mwy addas o hysbysebu cynnyrch ffilm, oni ddylem droi at ddull cynrychiadol mwy hyblyg?

Oherwydd y mae'r cynnyrch ffilm ei hun yn ei hanfod yn llifo: cyfres o ddelweddau sy'n llithro, symud a thoddi, gan ail-ffurfio fel y datblygir y themau. Hwyrach y dylem ystyried rhyw fath o "ffilm" bychan cludadwy sy'n dangos yr actorion eu hunain ac a fyddai'n rhoi arwahanrwydd i'r dull o fynegi gan osod yr hysbysebu yng ngwir gyd-destun y cynnyrch. Byddai dyfais o'r fath yn sicr yn mynd beth wmbredd o'r ffordd tuag at gladdu'r arfer o wneuthur tableaux darluniadol camarweiniol, waeth mor athrylithgar a disglair y rheini, gan arlunwyr posteri sydd ar drugaredd hyrwyddwyr diegwyddor. Pe digwyddai hynny, fodd bynnag, byddai'r Sinema yn teimlo hynny i'r byw.

Yr wyf wedi awgrymu fod pob degawd yn cael y math o boster ffilm y mae yn ei haeddu. Hwyrach oherwydd y nifer anferth o ffilmiau a ddangosir bob blwyddyn (yn enwedig yn yng nghymdeithas y Gorllewin) a ysbrydolir gan athroniaeth gyfalafol ac a ysgogir gan yr athroniaeth honno, a hefyd oherwydd mai byr-hoedlog yw natur y ffilm, camgymeriad fyddai disgwyl cysondeb ansawdd a dylunwaith dibynadwy. Gan gadw hynny mewn cof, y mae'n werth aros ennyd i ystyried posteri a gynhyrchir ar eithaf arall y sbectrwm, h.y., yn y Bloc Dwyreiniol ac yng Ngwlad Pwyl yn enwedig, lle mae gwraidd y cymhelliant yn llawer mwy didactig a lle mae'r ffurf gelfyddydol yn perthyn yn agos iawn i draddodiad gwerin o liwiau llachar, ffurfiau clir eu diffiniad ac arddull geinlinol ffraeth.

Dengys cipolwg cyflym ar y Radio Times a'r T.V. Times y nifer anhygoel o ffilmiau a drosglwyddir yn uniongyrchol i mewn i'r cartref bob wythnos, heb son am y ffilmiau hynny a ddangosir yn y sinema go iawn; ar gyfer pob ffilm a wneir ac a ddangosir, fe fydd o leiaf un poster wedi ei gynhyrchu. Posteri o bob lliw a llun, rhai wedi eu hystyried yn ofalus ac eraill ddim ond wedi eu clytio at ei gilydd. Daw'n amlwg yn fuan iawn felly ei bod hi'n amhosibl, hyd yn oed ar y

Introduction

Nearly two years have elapsed since I began my explorations in an effort to bring together this collection of film posters and once I had made a determined start, different angles seemed to fall into perspective. Although the actual work of getting sight of the material proved to be both intriguing and irritating, by the time I had decided that some kind of a halt must be called (having seen close on 1,000 posters) I had already begun to change my opinions on what I had thought was good or bad design in film posters.

Then came a temporary cessation of activity due to economic cuts and other more pressing Welsh Arts Council exhibitions, which opened up dangerous areas for reflection and self doubt about going on with the collection at all. Even at this late stage, two months before the exhibition is due to open, I am still plagued with doubt, and I am certainly unresolved in my final opinion about what exactly constitutes a good film poster.

One important issue revolves around whether or not the accepted flat conventional (picture-painting) poster is truly effective in encouraging the public to part with their money at the box office before seeing anything of the product they are to buy. Our reaction to the posters is inevitably imprinted and overlaid with an understanding of the conventions of many other flat printed ephemera and try as we may (poster artists themselves included) we find it extremely difficult to forget them. Admittedly we can look and pause, and then look again; even so our responses are heavily conditioned by a static image seen in isolation, and that is just what film is not about.

Therefore if fundamental considerations are to be made at all in an effort to find a more appropriate method of publicising film productions, ought we not to turn to a more fluid means of representation? For the film product is itself essentially fluid–a series of images which slide, move and dissolve, and recompose themselves as the themes are developed.

Perhaps we need to consider some kind of portable miniature 'film' showing the actors themselves, which would separate the mode of expression and put the advertising into the true context of the product? Such a device would certainly go a long way towards burying the making of inaccurate pictorial tableaux, however ingenious and brilliant they may be, by poster artists who are at the mercy of wheeling and dealing entrepreneurs. However, if this were so, it would strike at the roots of Cinema.

I have suggested that each decade gets the kind of film poster it deserves. Probably because of the vast number of films screened each year, (particularly in Western society), which are inspired and motivated by a capitalist philosophy, and as the nature of film is transient it would be wrong to expect a consistency of quality or dependable design. With this in mind it is worthwhile pausing for a moment to consider posters produced at the other end of the spectrum, i.e. from the Eastern Bloc, and especially Poland where the roots of motivation are more didactic and the art form is closely related to a folk tradition of bright colour, well defined shapes, with a witty calligraphic style.

A quick glance at the Radio Times and the T.V. Times will show the incredible number of films being transmitted directly into the home each week, not to mention those films being screened in the legitimate cinema, and for each film made and screened at least one poster will have been produced. Posters of varying size and format, some well considered, others simply cobbled together. It soon becomes evident, therefore, that it is impossible to attempt a world survey, even on the simplest level, that could plot the development of film posters in a chronological and comprehensive manner. One would need unlimited time and outrageous optimism and impertinence; hence this

lefel symlaf, i wneud arolwg byd-eang a allai olrhain datblygiad posteri ffilm mewn dull amseryddol a holl-gynhwysol. Fe fyddai ar ddyn angen amser diderfyn ac optimistiaeth a haerllugrwydd dybryd i ymgymryd â'r fath orchwyl; gan hynny, o'r Deyrnas Unedig ac America yn unig y deillia'r casgliad hwn.

Y mae cyrraedd at y deunydd yn y lle cyntaf yn esgor ar broblemau diddorol dros ben i'r neb sy'n astudio cyhoeddusrwydd ffilm o ddifrif, ac fe bery'r sefyllfa hon hyd nes y bydd mwy o arian, adnoddau a gofod ar gael. Yr oedd crynhoi'r casgliad hwn i'w weld yn orchwyl digon syml ar y wyneb, ond bu'n gryn syndod i mi.

Ymddengys fod yr hyn y bydd pobl yn ei adael mewn archifau naill ai'n brin ac yn anghyflawn neu'n ddamweiniol braf; gedy hyn lawer sydd angen ei wneud o ran dosbarthu a chatalogio cyfundrefnol. Y mae diddordeb casglwyr go iawn yn cael ei ŵyr-droi gan unigolion sy'n prynu printiau gwreiddiol gwael i'w hail-werthu fel atgynyrchiadau ffasiynol, neu sy'n chwyddo pris yr eitem wirioneddol y tu hwnt i bob rheswm. Y mae fy netholiad i yn un personol; gan hynny, gadawyd llawer ffefryn allan ohono. Y mae'n bosibl arddangos nifer o ffactorau gwahanol ac yr wyf wedi codi cwestiynau ynglŷn ag arddull, cyflwyniad, odrwydd a thechneg o bob degawd o'r ganrif. Dechreuodd yr ymholiad drwy gymryd yn ganiataol y dylai arlunwyr a dylunwyr da allu dod o hyd i lwyfan i'w doniau fel dylunwyr posteri ond ar y cyfan ni chafwyd fod hyn yn wir, er bod yma nifer o enwau adnabyddus. Yn anffodus, daw'r math hwn o arlunydd yn isel iawn ar y rhestr yn ymerodraeth fasnachol y ffilm, gymaint yr ymelwir mewn gwaed oer ar ddoniau dynol sy'n cael eu traflyncu gan beiriant cyhoeddusrwydd â'i fryd ar "werthu'r cynnyrch". Y mae'r ddelwedd gyffredin yn un ffilistaidd, wedi ei chreu ar gyfer ffilistiaid eraill; ac eto, er gwaethaf hynny, ymddengys rhai motiffau a rhai dyfeisiadau artistig y gellir eu hadnabod sy'n gyfrwng sefydlu'r newidiadau bychan mewn naws a dynodi'r gwahanol symudiadau mewn ffasiwn yn ystod degawd neilltuol.

Mewn ymgais i wrthbwyso'r ddelwedd yma o gyffredinedd gwael, hwyrach mai priodol fyddai sylwi'n weddol fanwl ar y posteri a gynhyrchwyd ar gyfer Ealing Studios yn ystod y pedwardegau a'r pumdegau, ac ar y gwaith a gynhyrchir ar hyn o bryd gan Eric Pulford a'i gydweithwyr yn Roe Downton Cyf.

Ym 1943 penodwyd S John Woods, a fu'n gweithio i Fox Films yn ystod y tridegau, i Adran Hysbysebu Ealing Studios. Gwrthbwysodd ef y duedd gyffredinol mewn cyhoeddusrwydd posteri ffilm drwy greu'r llif bendigedig o sensitif o ddelweddau darluniadol a gyfatebai i ansawdd uchel y ffilmiau a gynhyrchwyd gan Ealing a Group 3 am 12 mlynedd.

Penodwyd Woods i weithredu polisi o hysbysebu goleuedig yr esgorwyd arno yn y lle cyntaf gan Monja Danishewsky ac yn ddiweddarach bu'n gweithio'n uniongyrchol o dan Michael Balcon, o 1947 nes i Ealing Studios gau ym 1955.

Yr oedd John Minton, Edward Bawden, Osbert Lancaster a Barnett Freedman ymhlith y llu a ddyfeisiodd bosteri yn cyfleu'r teimlad hoffus o fod yn un â deunydd testunol y ffilm ei hunan. Drwy argraffu lliw creadigol, arddull bersonol o dynnu llun a llythrennu clir, sylfaenodd y rhain y symudiad cydlynol cyntaf yn hanes dylunio cyhoeddusrwydd sinema. Y mae bron pob un o'r posteri a gynhyrchwyd yn ystod 12 mlynedd bywyd Ealing Studios yn meddu ar ryw ragoriaeth er bod rhai yn fwy llwyddiannus na'i gilydd, ond y mae'r goleuni y daeth yr arlunwyr ag ef i'w gwaith yn dal i ddisgleirio mor groyw ag erioed. Eu cyfoeth a'u hamrywiaeth a'u parch at safon sy'n nodweddiadol o'r posteri hyn. Y mae eu cysondeb a'u meddylgarwch yn eu gwneud yn drobwynt a gofir am flynyddoedd lawer i ddod.

Fel troednodyn tywyll i'r blynyddoedd hyn o bosteri Prydeinig o safon, doeth fyddai cofio nad ar chwarae bach y sicrhwyd y fath ganlyniadau, ac na roddid derbyniad llawen iddynt bob amser gan eraill a oedd yn gysylltiedig â dosbarthu ffilmiau. Hawdd dychmygu'r dadleuon a'r brwydrau a ymladdwyd gan gwmni cynhyrchu a fynnai didlyn ei bolisi ei hun parthed dosbarthu a hysbysebu. Anodd deall pam y gwrthodwyd poster Edward Ardizzone ar gyfer 'Nicholas Nickleby' gan y dosbarthwyr taleithiol am fod yn "rhy ddeallus", neu'r ffaith na ddefnyddiwyd delweddau ffilmig Abram Games gyda'u nerth mawr a'u dychymyg mewn poster ar gyfer 'The Way Ahead' o gwbl, hyd yn oed wedi iddynt gael eu comisiynu a'u hargraffu; cawsant eu gwrthod yn y pen draw am eu bod yn "ddiffygiol mewn apêl rywiol".

Y mae Eric Pulford a'i gydweithwyr Colin Holloway, John Stockle a Vic Fairs yn cynhyrchu posteri ffilm. Y maent collection stems from the United Kingdom and America only.

Accessibility of material poses fascinating problems for the serious student of film publicity, and will continue to do so until more money, resources and space are made available. This collection seemed a simple enough task on the surface, but was a cause of much surprise.

Archival deposits appear to be either skimpy and incomplete or else delightfully haphazard, leaving much to be done in the way of classification and systematic cataloguing, and serious interest is now being diverted by individuals who buy poor original prints to re-sell them as fashionable reproductions, or who inflate the price of the genuine article beyond all reason. My selection is personal; therefore many favourites are left out. Many different factors could be demonstrated, and I have posed questions of style, presentation, oddity and technique from each decade during the century. The enquiry began by assuming that good artists and designers ought to be able to find a platform for their talents as poster designers, which on the whole proves not to be the case, although a number of well known names do occur. Unfortunately this kind of artist comes well down the scale in the commercial empire of film, such is the cold blooded exploitation of human talent consumed by a publicity machine out to 'sell the product'. The commonplace image is philistine, created for other philistines, and yet, despite this, motifs and recognisable artistic devices do emerge to establish faint changes of mood and to identify shifts of fashion during a decade.

In an attempt to counter this 'commonplace' image it is perhaps appropriate to comment in some detail on the posters produced for Ealing Studios during the forties and fifties and on the work currently being produced by Eric Pulford and his colleagues at Roe Downton Ltd.

1943 saw the appointment of S. John Woods, who had earlier been employed by Fox Films during the 30's to the Ealing Studios Advertising Dept. He redressed the balance in film poster publicity by creating the magnificently sensitive flood of pictorial images to match the quality of the films produced by Ealing and Group 3 for 12 years.

Woods was appointed to implement a policy of enlightened advertising that had been initially formulated by Monja Danishewsky, and he was later to work directly under Michael Balcon from 1947 until Ealing Studios closed in 1955.

John Minton, Edward Bawden, Osbert Lancaster and Barnett Freedman were among the many who devised posters with an affectionate sense of being at one with the film subject matter itself. Through creative colour printing, a personal style of drawing and clear lettering they founded the first cohesive movement in cinema publicity design. Practically every poster in the 12 years of the life of Ealing Studios has qualities to commend it although some are more successful than others, but the illumination which the artists brought to their work shines as freshly as ever. It is the richness and variety and the respectful attention to quality which stamps these posters. Their consistency and thoughtfulness make them landmarks to be remembered for many years to come.

As a sombre footnote to these years of quality posters from Britain it is wise to remember that such results were not easily achieved, nor were they always accepted with pleasure by others connected with film distribution. The battles and arguments carried on by a production company who insisted on pursuing their own policy of distribution and publicity can be well imagined. It is hard to appreciate why Edward Ardizzone's poster for 'Nicholas Nickleby' should have been rejected by the provincial distributors as being 'too intellectual', or Abram Games filmic images of great power and imagination in a poster for 'The Way Ahead' not being used at all even after commissioning and printing but to be finally rejected as 'lacking in sex appeal'.

Eric Pulford, and his colleagues, Colin Holloway, John Stockle, and Vic Fairs produce film posters. They are enormously competent and very successful commercially. Among others, their clients include Columbia Warner, Fox Rank, United Artists, Walt Disney Productions and Warner Bros. On their own admission they consider the making of posters as a difficult and unpredictable business, it is probably true when they say that the poster is only as good as the client.

With this in mind one might expect to find a team of hard bitten, cynical hack artists who have been ground into the commercial dust by earning a living in a talent consuming market, and any sensitivity that they had once possessed long since vanished. Happily this is not the case. A great deal of the work produced by these men is refined in technique, painterly and imaginative, with an opposite flavour of image

yn eithriadol o alluog ac yn llwyddiannus dros ben yn
fasnachol. Y mae eu cwsmeriaid yn cynnwys Columbia
Warner, Fox Rank, United Artists, Walt Disney Productions a
Warner Bros. Cydnabyddant eu hunain eu bod yn ystyried
fod gwneuthur posteri yn fusnes anodd, amhosib proffwydo
amdano. Mae'n debyg ei bod yn wir pan ddywedant na all
poster fod ond cystal â'r cwsmer.

O gofio hyn, gellid tybio mai tîm o arlunwyr slafaidd,
wyneb-galed, sinigaidd fyddai'r rhain, wedi eu sathru'n llwch
masnachol wrth ennill bywoliaeth mewn marchnad sy'n
traflyncu dawn, ac y byddai unrhyw deimladrwydd a feddent
ar un adeg wedi hen ddiflannu. Er mawr lawenydd i mi, nid
felly y mae. Y mae llawer o'r gwaith a gynhyrchir gan y
dynion hyn yn goeth ei arddull, yn arluniol a dychmyglawn,
gyda'r blas a ddaw o gyferbynnu delwedd a chefndir, ac yn
gynnil ei liw, ei luniad a'i gyfansoddiad. Yn sicr y mae llawer
o'u gwaith yn adlewyrchu delweddaeth hysbysebu cyfoes o
fath poblogaidd, sydd yn fy marn i yn rhesymol ac yn eirwir
yng nghyd-destun cymdeithas gefnog. Gall fod eraill yn
anghytuno, gan ddweud ei fod yn darddiadol ac yn
arwynebol; dichon fod hyn hefyd yn wir, ond y mae'r dynion
hyn yn y busnes o "werthu breuddwydion".

Canlyniad cywaith yw'r broses o wneuthur ffilm, ac
ymddengys fod yn well gan y grŵp hwn o ddylunwyr posteri
yr ymateb sy'n deillio o berthynas waith glós a
chydweithredol, gyda'r naill arlunydd yn ysgogi'r lleill tra'n
dal gafael ar ei hunaniaeth unigol ar yr un pryd. Y mae'n
anodd barnu a yw'r un broses gydweithredol o wneuthur
ffilmiau bob amser yn ymestyn i'r broses o ddylunio posteri,
ond y mae'n sicr yn llwyddiannus gyda grŵp Pulford, ac y
meant hwy o'r farn mai buan yr ynysir y dylunydd sy'n dianc i
gornel breifat, a'i fod yn colli cysylltiad â'r gwir orchwyl o'i
flaen. Wedi i'r amrywiadau a'r gwahanol ddyluniadau gael eu
hidlo a'u coethi nes cyrraedd stâd brasluniau gwaith yr
arlunydd, dichon y dargenfydd y grŵp fod yna nifer o
resymau wedyn pam nad ydynt yn gymeradwy gan y cwsmer.
Hwyrach felly mai datblygu a wnaeth yr angen am weithio fel
grŵp drwy natur hunan-amddiffynnol un llais cydganolog a
barn unedig. Yn ddiau, y mae gweithio fel y gwnant yn y dull
hwn yn eu gwahaniaethu oddi wrth lawer arlunydd gweledol
arall.

Perthyn i bob aelod o'r grŵp gred gynhenid yn ei
werth ei hun fel arlunydd sy'n gorfod cyfuno teimladrwydd â
dulliau masnachol; ni olygaf wrth hynny ildio dof i ofynion
masnachol (er y buasent i gyd yn cytuno eu bod yn cynhyrchu
erwau o frasluniau) ond y gallu i farnu'r deunydd testunol crai
yn ddiduedd a thynnu ohono ddelweddau o safon uchel sy'n
cymodi rhwng gwahanol ofynion y ffurf neilltuol hon ar
gelfyddyd. Ni fyddai yr un ohonynt yn ei ystyried ei hun yn
arlunydd o bwys ac eto, yn ddiamau, y maent yn esgor ar eu
gwaith gyda phleser, medrusrwydd a deheurwydd, gan ei
goethi a'i ddethol o arfogaeth o syniadau gweledol a osodir i
lawr gyda chryn grap ar ddylunio gofodol.

Yn bersonol, anaml yr ildiaf fi i gynnwys darluniol y
poster ffilm os byddaf yn ystyried ymweld â'r sinema. Y mae
gennyf lawer mwy o ddiddordeb mewn darganfod pwy sydd
wedi cyfarwyddo'r ffilm (fel arfer, y mae ei enw ef ar waelod y
poster mewn llythrennau bach) er fy mod i, ar lefel arall, yn
ymateb i ffurf a chyflwyniad cyffredinol ei gynnwys. Mewn
rhai achosion, erys y delweddau yn y cof ymhell wedi i
brofiad y ffilm fynd heibio nes bod y ddau beth, ffilm a
phoster, yn cyd-doddi yn un profiad adolygol. Yn sicr, gallaf
gofio rhai posteri gafaelgar na chyfranasant ddim byd i'r ffilm
ei hun oherwydd eu bod mor gamarweiniol.

Gobeithio y bydd i ymwelwyr â'r arddangosfa hon
ofyn llawer o gwestiynau i'w hunain ynglŷn â'r gwaith a
arddangosir, oblegid hyd y gwn i, ni chrynhowyd casgliad o'r
math hwn erioed o'r blaen. Nid yw'n fwriad gennyf y dylid
ystyried y gweithiau hyn yn gelfyddyd aruchel, er bod yma
enghreifftiau o ddeall treiddgar wedi ei gyplysu â
medrusrwydd artistig. Wrth siarad â rhai o'r arlunwyr cefais
yr argraff glir eu bod yn eu hystyried eu hunain yn
ddrafftsmyn o ddifrif calon sydd yn gorfod cydweddu eu
doniau â chonfensiwn masnachol sydd wedi ei hen sefydlu.
Gwnant hyn gydag egni a chraffter gwŷr busnes; caf fy hun yn
edmygu eu gwaith llawer mwy nag yr oeddwn wedi ei
sylweddoli.

Parthed materion o chwaeth, megis a ydyw posteri
ffilm yn gelf-bethau gwirioneddol, ac i ba raddau y maent yn
adlewyrchu darlun cywir o agweddau cymdeithasol neu
ffasiynau cyfoes, y mae hynny'n agored i ddadl. Yr wyf yn
siwr o un peth, fodd bynnag, sef y byddai muriau a strydoedd
yn llawer mwy diflas nag ydynt heb ffantasïau hudolus yr
agwedd hyfnewidiol hon o'r Ffatri Freuddwydion.

Peter Strevens.

and setting, delicate in colour, drawing and composition.
Much of their work certainly reflects contemporary
advertising imagery of a popular mode that I find reasonable
and truthful in the context of an affluent society. Others may
disagree and say it is derivative and superficial, this is also
probably true, but these men are in the business of 'selling
dreams'.

Film making is the result of a collective enterprise,
and this group of poster designers also seem to prefer the
response of a close and co-operative working relationship,
each providing a stimulus to the others whilst at the same
time retaining an individual identity. Whether the same
cooperative process of film making always runs into poster
designing is difficult to ascertain, but with the Pulford group
it certainly works, and they are of the opinion that the
designer who takes himself into a private corner very quickly
becomes isolated and loses touch with the real job. After the
variations and alternative designs have been sifted and
refined into working artists' roughs the group may still find
that there are many reasons why they do not meet with the
clients' approval. So perhaps the need to work as a group has
simply developed through the self protective nature of a
concentrated voice and unified opinion. Working as they do
in this way undoubtedly separates them from many other
visual artists.

Each member of the group believes inherently in their
own value as an artist who must mesh sensibility with
commercial practice, by which I do not mean a tame
submission to commercial demands, (although they would all
agree that acres of roughs are produced) but the ability to
appraise raw subject matter dispassionately and to draw
from it images of quality that reconcile the demands of this
particular art form. None of them would regard himself a
major artist, yet their work is undeniably conceived with
pleasure, skill, and finesse. Refined and selected from an
arsenal of visual ideas that are put down with an
understanding for spatial design.

I personally rarely succumb to the pictorial content of
the film poster if I am contemplating a visit to the Cinema. I am
far more interested to find out who has directed the film. His
name is usually at the bottom of the poster in small type,
although on another level I do respond to the overall form
and presentation of its content. In some cases the images
remain in the memory long after the experience of the film
has passed until the two things, film and poster, merge
together as a retrospective experience. I can certainly recall
certain commanding posters which contributed nothing to
the actual film itself because they were so misleading.

I hope that visitors to this exhibition will ask
themselves many questions about the work displayed, for as
far as I know a collection of this kind has never previously
been brought together. My intentions are not that the works
should be thought of as high art, although there are examples
of penetrating understanding coupled with artistic expertise.
In talking to some of the designers I get a clear impression
that they regard themselves as very serious draughtsmen
who have to match their talents to a well established
commercial convention. This they do with energy and
business acumen; I find myself admiring their work far more
than I realised.

As regards questions of taste on whether film posters
are legitimate artifacts, and just how much they reflect an
accurate picture of social attitudes or current fashion is open
to debate. Of one thing I am sure, however, walls and streets
would be far duller without the tempting fantasies of this
changing aspect of the Dream Factory.

Peter Strevens.

Poster – Ffilm – Diwydiant

"Ond y mae i'r cynnyrch hefyd ystyr ..... ystyr fel adloniant, profiad teimladwy a phleserus a nodir ac a brynir. Rhaid i ddadansoddiad ddal gafael ar y glymbleth hon o bleser-ystyr-nwydd ....." (Stephen Heath, 'Jaws, Ideology and Film Theory', 1976 Framework rhif 4, tud. 25).

Y mae'r dyfyniad hwn, o draethawd gan Stephen Heath, yn mynegi hyd a lled y diddordebau a berthyn i waith ar y sinema, ac wrth wneud hynny ceisia ddwyn ynghyd ddwy agwedd ar y cyfrwng y methwyd eu cysoni hyd yn hyn: sinema fel celfyddyd a sinema fel diwydiant masnachol; yr un gwaith celfyddyd gofalus ar y naill law, a'r cyfundrefnau economaidd o gynhyrchu, dosbarthu ac arddangos y mae wedi ei wreiddio ynddynt ar y llall.

O fewn y gofod hwn o broblemau ac ystyriaethau y byddaf yn ceisio dweud rhywbeth ynglŷn â phosteri ffilm. Cyffredinol a phetrusgar, i ryw raddau, fydd yr hyn sydd gennyf i'w ddweud. Ni cheisiaf leoli'r hyn sydd gennyf i'w ddweud am bosteri unigol mewn dull hanesyddol fanwl, nid am na chredaf fod hyn yn bwysig ond, yn hytrach, am fy mod yn teimlo ei bod yn hanfodol amlinellu swyddogaeth fras a chyffredinol y poster: o'r fan honno yn unig y gellir cychwyn ar ddadansoddiad hanesyddol mwy manwl. At hynny, ni fyddaf yn mentro ar ddadansoddiad arddulliadol manwl o bosteri unigol. Yn lle hynny, ceisiaf ddweud rhywbeth mwy cyffredinol ynglŷn â nodweddion dynodol posteri a'r dull o drefniant esthetig y tueddant i'w fabwysiadu (ond nid yn ddieithriad, o bell ffordd). Pan fyddaf yn cyfeirio at bosteri unigol, byddaf yn gwneud hynny er mwyn ymdrin â hwy fel enghreifftiau o nodweddion cyffredinol yn hytrach na gwrthrychau unigol.

Nwydd ac ystyr; diwydiant a chelfyddyd: sut y mae'r rhain yn perthyn i'w gilydd? Beth sy'n pennu nodweddion y naill a'r llall, a beth yw eu heffeithiau ar ei gilydd? Nwydd a gynhyrchir o fewn economi gyfalafol yw'r ffilm yng nghymdeithasau'r gorllewin. Fe'i cynhyrchir er mwyn elw o fewn marchnad gystadleuol nad yw'n un agored o bell ffordd. Oddi ar gyfnod bore'r sinema yn America, fel yn y rhan fwyaf o wledydd, cyfyngwyd ar y gystadleuaeth honno. Dyna yw hanes y diwydiant: cyfres o ymdrechion gan nifer bychan o fentrau i gyfyngu ar gystadlu ac i ennill rheolaeth ar farchnadoedd drwy gyfuno a thrwy ddatblygu cadwynau cynhyrchu, dosbarthu ac arddangos. Er enghraifft, pan ddechreuwyd defnyddio sain ar ffilm, daeth y diwydiant yn America i bob pwrpas o dan reolaeth dau ddylanwad ariannol, sef yr eiddo Morgan a Rockefeller. Mewn sefyllfa o'r fath bydd y diwydiant am gynhyrchu nwyddau y perthyn i bob un ohonynt yr apêl fwyaf posibl, ac a fydd yn eu crynswth yn apelio at bob adran o'r farchnad ac yn darparu ar eu cyfer hwy oll.

Pwrpas gwahanol fathau o hysbysebu, gan gynnwys posteri, yw denu'r gynulleidfa fwyaf posibl, creu'r galw mwyaf posibl a thrwy hynny sicrhau elw mewn perthynas â'r buddsoddiad dechreuol.

Mewn sawl ystyr amlwg felly, ymgorfforir yng nghynnyrch y diwydiant ffilmiau nodweddion nwydd ac amodau cynhyrchu yr un cyfundrefnau, cyfyngiadau a gofynion ag a geir mewn diwydiannau cyfalafol eraill, ac y mae ei brosesau'n gaeth i'r cyfundrefnau hynny. Y mae ffilm, fodd bynnag, yn nwydd esthetig hefyd: y mae ganddo felly nodweddion neilltuol a swyddogaeth neilltuol mewn perthynas â'r gyfundrefn gymdeithasol y'i cynhyrchir o'i mewn sydd yn ei wahaniaethu oddi wrth nwyddau eraill, di-esthetig. Beth yw'r nodweddion hyn: ym mha fodd yr effeithiant ar weithgareddau arbennig y diwydiant ffilmiau a beth yw eu perthynas â'r gweithgareddau hyn?

Gwerth nwyddau esthetig i'r defnyddiwr yw'r ffaith eu bod yn cynnig ystyr a phleser: pleser ystyr wedi ei fynegi mewn ffyrdd neilltuol (y ffurf storïol sy'n flaenllaw yn y

Poster – Film – Industry

"But the product also means...., and means as entertainment, a moving and pleasurable experience marked and bought. Analysis must hold on to this pleasure-meaning-commodity complex...." (Stephen Heath, 'Jaws, Ideology and Film Theory', 1976 Framework no. 4 p.25).

This quotation from an essay by Stephen Heath indicates the ranging concerns of work on the cinema and in doing so attempts to bring together two of its aspects which have hitherto resisted integration: cinema as art and cinema as commercial industry, the single discreet art work on the one hand and the economic systems of production, distribution and exhibition in which it is embedded on the other.

It is within this space of problems and considerations that I shall attempt to say something about film posters. What I have to say will be general and, to some degree tentative. I shall not attempt to locate what I have to say about individual posters in a detailed historical way, not because I don't believe that this is important, but rather because I think it is crucial to outline the broad and general role of the poster: only from there can more detailed historical analysis proceed. Further, I shall not attempt a detailed stylistic analysis of individual posters. I shall instead attempt to say something more general about the signifying characteristics of posters and the mode of aesthetic organisation they tend (though by no means exclusively) to adopt. Where I refer to individual posters it will be in order to treat them as examples of broad characteristics rather than as objects in their own right.

Commodity and meaning; industry and art: how do these relate to each other? What are their reciprocal determinants and effects? Film in western society is a commodity produced within a capitalist economy. Production is for profit in a competitive market by no means an open one. Since the beginnings of cinema in America, as in most countries, that competition has been limited. The history of the industry is one of a series of attempts by a small group of enterprises to limit competition and to gain control of markets through amalgamation and through the development of chains of production, distribution and exhibition outlets. With the introduction of sound, for instance, the industry in America came under the effective control of two financial interests, those of Morgan and Rockefeller. This being the case, the industry will want to produce commodities each of which will have maximum appeal and the range of which will appeal to and cater for all sectors of the market.

Various forms of advertising, including posters, are designed to attract the maximum audience, to create a maximum demand and thus to ensure a profit in relation to initial investment.

In a number of obvious senses, then, the product of the film industry embodies the commodity characteristics and the production conditions of, and its process are subject to, the same systems, constraints and demands, as other capitalist industries. However, film is also an aesthetic commodity: it thus has particular characteristics and a particular function vis-a-vis the social system in which it is produced which differentiates it from other, non-aesthetic commidities. What are these characteristics and how do they affect/relate to the particular operations of the film industry?

The value of aesthetic commodities for the consumer is that they offer meaning and pleasure: the pleasure of meaning in certain forms of its articulation (narrative being primary here). But such values are not socially neutral: the aesthetic commodities of the dominant film industries are produced for profit and hence for the perpetuation of these industries. Moreover, the meanings and pleasures they offer

cyswllt hwn). Ond nid yw gwerthoedd o'r fath yn amhleidiol o
safbwynt gymdeithasol: cynhyrchir nwyddau esthetig y prif
ddiwydiannau ffilm er mwyn elw ac, o ganlyniad, er
hyrwyddo'r diwydiannau hynny. At hynny, y mae'r ystyron a'r
pleserau a gynigir ganddynt yn rhai neilltuol; nid ydynt yn
dihysbyddu holl bosibiliadau'r cyfrwng ffilm o bell ffordd.
Trefnir y diwydiant felly i hyrwyddo rhai ystyron a phleserau
neilltuol yn hytrach na rhai eraill, a dylid derbyn felly ei fod yn
gweithredu ar sail rheoleiddiannau, trefniannau a
chyfyngiadau neilltuol parthed y cyfrwng ffilm sydd yn
feunyddiol yn sianelu ei bosibiliadau a'u cadw o fewn
terfynau. Y mae hyn yn digwydd ar bob lefel o sinema fel
sefydliad cymdeithasol a rhaid ei ddeall mewn perthynas â
goddrychder cymdeithasol er mwyn amgyffred beth yn
union yw ei swyddogaeth gymdeithasol. Ar lefel y ffilm
unigol, er enghraifft, y mae mathau neilltuol o stori yn bwysig:
"…. gall y cyfrwng ffilm yn wir fod yn drobwlll o effeithiau
bythol-gyfnewidiol, yn lluosowgrwydd o wahanol raddau
o deimlad a swyddogaethau storïol er cadw'r effeithiau
hynny o fewn terfynau. Nid yw'r elfen storïol yn hanfodol i'r
sinema ond yn hanesyddol datblygwyd ac ecsploitiwyd y
sinema fel ffurf storïol: yn erbyn gwasgariad, o blaid y
cynrychioladol …… yn anad dim byd arall, ffurfio safbwynt
drwy lif y delweddau yw hanfod yr elfen storïol yn y sinema,
gosod allan rhywbeth y gellir ei ddeall. Cyfranogodd y
sinema yn y broses o sylfaenu'r ideoleg sy'n maentumio
mai'r gwirionedd yw'r hyn a welir (bydd lumiere yn anelu
at atgynhyrchu bywyd ei hun) ond gall ffilm, yn ei stad
fythol-gyfnewidiol, fylchu a hollti llif y digwyddiadau hefyd
a chynhyrchu ysgytwadau ("shocks")". Felly, o'r cychwyn
cyntaf, y mae angen ail-gynhyrchu gwirionedd y gweled
hwnnw, gan sefydlu dulliau o ddal gwahanol berthnasau'r
ffilm ynghyd fel bod iddo gydlyniad tebyg i eiddo llygad
y gweledydd–technegau cysondeb a pharhad, cydweddu,
rheolau 30° a 180°, rheolau fframio ac ati" (Heath, tud. 27).
Wrth i ddulliau storïol neilltuol a ffyrdd neilltuol o
drefnu genre gael eu hailadrodd yn feunyddiol gan y
diwydiant, bydd hyn yn gymorth i sefydliadoli a rheoleiddio
moddau o ddeall, confensiynau, tueddiadau disgwyliadol a
thrwy hynny rai mathau o ystyr a phleser. Ond nid yw'r math
yma o sefydliadoli yn gyfyngedig i'r ffilmiau eu hunain: dyma
hefyd gynnyrch a swyddogaeth llawer o weithgareddau
eraill y diwydiant; yn wir, y mae'n ymestyn y tu hwnt i'r
diwydiant ei hun i mewn i holl sefydliadau cymdeithasol eraill
cyfrwng y sinema: newyddiaduriaeth ac addysg yn enwedig.
Felly, yn yr ystyr ehangaf,gellir ystyried fod gofod
cymdeithasol sinema a'i dull o weithredu yn ymrannu'n dair
adran gyfansoddrannol:
"amodau cynhyrchu a dosbarthu ffilmiau, y ffilm unigol, ac
apparatus cyffredinol y sinema. Fel y dywedasom cyn hyn,
bydd y diwydiant ffilmiau yn gwneuthur cynnyrch ffilm,
ond y mae i'r cynnyrch hyn ystyr, ac fe'i gwerthir ar sail
ystyr a phleser: rhwng diwydiant a thestun y mae arnom
hefyd angen categori megis peiriant, sef sinema ei hun o'i
deall fel stôr o gyfyngiadau a diffiniadau, o bosibiliadau a
ffactorau nodweddol." (Heath, tud. 26).
Dylid sylweddoli fod gan y fath gyfyngiadau a
diffiniadau, posibiliadau a ffactorau nodweddol
swyddogaeth gymdeithasol bendant ac effeithiau
cymdeithasol pendant.
Un rhan o weithgareddau'r diwydiant sy'n hynod
bwysig er rheoleiddio a chadw o fewn terfynau, ac er
sefydliadoli ffurfiau penodol o ddisgwyliad, tueddiad a deall
parthed y ffilm yw cyhoeddusrwydd. Fel y dywedwyd eisoes,
y mae hyn yn bwysig er creu galw am y ffilmiau ac ennyn
diddordeb ynddynt, ond gwna hynny drwy greu tuedd yn y
cyhoedd, drwy roi rhyw arwydd o'r prif bleserau a'r prif
ystyron y teimlir fod gan ffilm unigol i'w cynnig. Yn y modd
hyn darperir yr hyn a elwir yn "ddelwedd storïol" ar gyfer
pob ffilm ac wrth wneud hynny, y mae cyhoeddusrwydd
hefyd yn cymryd rhan yn y broses o reoleiddio effeithiau
posibl sinema a'u cadw o fewn terfynau y cyfeiria Heath ati yn
y dyfyniad uchod.
Y mae posteri, ynghyd â lluniau llonydd, rhag-olygon
a'r tameidiau ffilm a ddefnyddir ar raglenni teledu, o bwys
neilltuol i'r broses hon y tu fewn i ddulliau a gweithgareddau
cyffredinol cyhoeddusrwydd ffilm. Wrth ganolbwyntio ar
bosteri, dylid cadw swyddogaeth y dulliau eraill yma mewn
cof: y mae ganddynt oll ran gyfartal o ran pwysigrwydd i'w
chwarae yn y broses o greu'r "ddelwedd storïol".
Os bwriedir cynnig "delwedd storïol" ffilm, rhaid i'r
ddelwedd honno gynnwys a chyfeirio at rai o'r aml ystyron a
phleserau a gynigir gan y ffilm hwnnw. Bydd y detholiad a
ddewisir yn amlygu'r agweddau hynny y teimla'r diwydiant
ei bod yn bwysig eu pwysleisio tra'n cyfrannu ar yr un pryd i'r
broses o reoleiddio a chadw o fewn terfynau sy'n

are particular ones, by no means exhausting the
potentialities that the film medium is capable of offering: the
industry is thus organised to perpetuate particular meanings
and pleasures rather than others, is thus to be understood as
operating in terms of particular regulations, orderings and
constraints vis-a-vis the film medium, constantly channelling
and containing its potentialities. This operates at all levels of
the social institution of cinema and has to be understood in its
relation to social subjectivity for its social role to be fully
grasped. At the level of each film, for instance, particular
kinds of narrative are important:
"….film is potentially a veritable flux of effects, a
plurality of intensities, and narrative functions to contain that
effectivity. Narrative is not essential to cinema but
historically the latter is developed and exploited as a
narrative form: against dispersion, for representation….
narrative in cinema is first and foremost the organisation of a
point of view through the image-flow, the laying out of an
intelligibility. Cinema is implicated in a founding ideology of
vision as truth (lumiere aims to reproduce life itself) but film,
in its flux, can also produce discontinuities, disruptions,
'shocks'. Hence, from the start, there is a need to reconstruct
the truth of that vision, to establish ways for holding a film's
relations as the coherence of the subject-eye – continuity
techniques, matches, 30° and 180° rules, codes of framing,
and so on" (Heath p.27).
Particular modes of narrative and particular
organisations of genre in their constant reproduction by the
industry thus help to institutionalise and regulate modes of
understanding, conventions, orientations of expectation, and
thus certain kinds of meaning and pleasure. But such
institutionalisation is not confined to the films themselves: it
is also the product and function of many of the industry's
other practices, indeed, it extends beyond the industry itself,
into all the other social institutions of cinema: journalism and
education in particular. Thus, in the broadest sense, the social
space and operation of cinema can be seen as involving
three component areas:
"the conditions of film production and distribution, the
individual film, and the general apparatus of cinema. As we
said earlier, the film industry manufactures film products but
these products mean and sell on meaning and pleasure;
between industry and text we also need a category like
machine, cinema itself understood in its stock of constraints
and definitions, its possibilities and points of determination".
(Heath, p.26).
Such constraints and definitions, possibilities and
points of determination should be understood as having a
definite social role and definite social effects.
One part of the industry's practice which is extremely
important for the operations of regularisation and
containment and for the institutionalisation of specific forms
of expectation, orientation and understanding vis-a-vis its
film is publicity. As already mentioned this is important for
the creation of demand for and the arousal of interest in the
films, but it does so precisely through the provision of
orientation, through the signalling of the primary pleasures
and meanings an individual film is felt to offer. It thus provides
what has been called a 'narrative image' for each film and in
so doing participates in the process of regularisation and
containment of the potential effects of cinema that Heath
points to in the quotation above.
Of particular inportance to this process within the
overall practices and activities of film publicity are posters,
still displays, trailers and the clips used in TV programmes.
In focussing on posters the role of these other practices
should be borne in mind: each participate equally and
importantly in the creation of the 'narrative image'.
If a 'narrative image' of a film is to be given, that image
has to include and indicate some of the multiple meanings
and pleasures offered by that film. The range chosen will
highlight those aspects the industry feels are important to
stress while at the same time contributing to the process of
regularisation and containment characteristic of the
cinematic institution, as a whole. So while the range of
pleasures and meanings indicated will be limited,
nonetheless there is a range, a multiplicty, and this has
important implications for the aesthetic characteristics of
posters. Generally speaking one of two strategies is
adopted. Either a poster will be fragmented, a constructed
combination of elements, held together by an overall
compositional device, or else it will portray a single moment
or element from a film, but one which is felt to represent the
film as a whole in terms of its pleasures and meanings. Very
generally, the latter seems more characteristic of early
posters, the former of more contemporary ones, but

nodweddiadol o'r sefydliad sinemataidd yn ei grynswth. Felly er bod y detholiad o bleserau ac ystyron y cyfeirir atynt yn gyfyngedig, serch hynny, y mae yna ddetholiad, y mae yna luosowgrwydd, ac y mae i hyn ymhlygiadau pwysig parthed nodweddion esthetig y posteri. A siarad yn gyffredinol, defnyddir y naill neu'r llall o ddau ddull. Bydd poster naill ai yn ddarniog, yn cynnwys nifer o elfennau o dan reolaeth dyfais gyfansoddol gyffredinol neu fe fydd yn portreadu un ennyd allan o'r ffilm neu un elfen ynddo, a honno'n un y teimlir ei bod yn cynrychioli'r ffilm yn ei grynswth o safbwynt ei bleserau a'i ystyron. A siarad yn gyffredinol iawn, ymddengys yr olaf o'r ddau ddull yn fwy nodweddiadol o bosteri cynnar a'r cyntaf yn fwy nodweddiadol o rai mwy cyfoes, ond y mae yna eithriadau amlwg.

Hoffwn edrych yn fyr iawn ar ychydig enghreifftiau o'r naill ddull a'r llall. Yn gyntaf, yr elfen/ennyd sengl. Y mae'r poster ar gyfer "The House of Mystery" yng enghraifft dda o un posibilrwydd, sef darlunio ennyd storïol o'r ffilm. Yma, yn arwyddocaol, y mae'r ennyd honno yn un 'ddramatig', uchafbwynt y ffilm o bosib. Y mae'r poster yn cynnig y wybodaeth mai stori ysbryd fydd y ffilm. Y mae hyn ynddo'i hun yn arwydd o'r ffaith y bydd rhediad storïol y ffilm yn cynnwys pleserau'r math hwnnw o stori: llunio dirgelwch canolog a'i ddatrys, gyda'r pleserau o sioc a thyndra yn ymhlyg yn y broses honno ynghyd â'r pleser canolog o ddiogelwch sy'n ymhlyg yn y wybodaeth y cedwir y sioc a'r tyndra o fewn terfynau, ac y caiff y dirgelwch ei ddatrys. Y goleuni yn y poster sy'n creu'r 'awyrgylch' o dyndra a dirgelwch, a cheir awgrym o'r ysgogiad storïol yn ystum llaw'r ysbryd, sy'n arwain y cymeriadau a ddarlunir (a'r cwsmeriaid y gobeithir eu denu i weld y ffilm) ymhellach i mewn i gadwyn ddehongliadol y stori. Cyfleir sioc a syndod yn ystumiau a safiad y tri ffigur a ddarlunir yn y blaendir. Y mae'r teitl ei hun, wrth gwrs, yn atgyfnerthu'r cynodiannau a ddarlunir yn yr elfennau gweledol. Y mae'r gair "mystery" yn enwedig yn mynegi'r pleser storïol canolog y ffilm ysbryd: presenoldeb y dirgelwch (a gynyrchiolir yma gan bresenoldeb yr ysbryd – a ddynodir yma mewn dull graffig yn unig.).

I'r eithaf arall yn y traddodiad "un-ddelweddol" ceir y poster ar gyfer "La Nouvelle Profession de Charlot", sef dim byd mwy na delwedd o Charlie Chaplin (a atgyfnerthir gan yr enw "Charlot" yn enw'r ffilm) a'r penawd "Keystone Comedies" uwch ei ben. Yma, y mae delwedd y seren ynddi ei hun yn ddigon i hysbysu'r gwyliwr posibl ynglŷn â'r ffilm gan roi gwybodaeth ynglŷn â'r pleserau a'r ystyron y gall ef neu hi eu prynu yn y swyddfa docynnau: y gymysgedd honno o ddigrifwch a thrueni sydd mor nodweddiadol o ffilmiau Chaplin; stori a fydd yn rhaffu ynghyd nifer o sefyllfaoedd digrif sy'n dibynnu ar ystwythder corfforol (a hwnnw ynddo'i hun yn gyfrwng rhoi math neillltuol o bleser gweledol i'r gwyliedydd) gan ddarganfod cyfeiriad i'w rhediad yn ymdrechion y cymeriad i ymryddhau o'r canlyniadau a'r gweithredoedd cymdeithasol yr esgorodd ef ei hunan arnynt drwy dorri taboos, ac yn ei ymwneud rhamantaidd â'r arwres, sydd yn cynnig delweedd o sadrwydd wedi ei chyfosod yn erbyn symud a gweithgaredd parhaol y sefyllfaoedd digrif, nes bod y ddau gyda'i gilydd yn gosod digrifwch a thrueni benben a'i gilydd. Y pleser terfynol yw tynnu'r ddwy elfen ynghyd, fel y gŵyr y gynulleidfa ymlaen llaw drwy iddynt weld ffilmiau Chaplin o'r blaen a/neu trwy'r trafod a fu amdanynt (adolygiadau ac erthyglau papur newydd, sgwrs bob-dydd), ac fe'u cyfunir yn y ddelwedd o Charlie yn cerdded ymaith oddi wrth y camera ar ei ben ei hun, tuag at y gorwel.

Eisoes gwelsom ddau o'r prif foddau o ystyr a phleser a gynigir gan y diwydiant ffilmiau–y genre (y ffilm ysbryd, is-genre o'r 'fantastique') a'r seren. Mae'r ddau beth yn bresennol mewn nifer o bosteri eraill a gellir arddangos eu pwysigrwydd i'w gilydd. Y mae'r poster ar gyfer 'The General', fel y poster Chaplin, yn dibynnu'n bennaf ar yr un ddelwedd a dynnir o Buster Keaton; yma eto, megis gyda Chaplin, apelir at genre neilltuol, sef comedi wallgof, ac, o fewn hynny, at arbenigrwydd ffilmiau Keaton. Yn nhraddodiad y posteri 'cyfansawdd' y byddaf yn son mwy amdanynt yn y man, delweddau o'r sêr sy'n flaenllaw yn y posteri ar gyfer 'The Sellout' ac 'Inside Out' er cyfuno'r delweddau hynny yn y naill enghraifft a'r llall gydag elfennau dyluniol israddol sydd yn gyfrwng tanlinellu'r cynodiannau a berthyn i'r sêr hynny ac sy'n dynodi ystyron ac apêl o safbwynt genre–y 'thriller' yn y ddwy enghraifft. Diddorol nodi na chysylltir y sêr yn y poster cyntaf, sef Richard Widmark, Oliver Reed a Gayle Hunnicut â'thrillers' yn neilltuol er y perthyn iddynt oll (Widmark a Reed yn enwedig) eu cynodiannau arbennig eu hunain. Felly, y mae'r ddelwedd o'r llaw â'r gwn a'r ddelwedd o'r car o bwys mawr

evidently there are exceptions.

I would like briefly to look at a few examples of each strategy. Firstly the single element/moment. The poster for 'The House of Mystery' is a good example of one possibility, the illustration of a narrative moment from the film. Here, significantly, that moment is 'dramatic', possibly climatic. The poster provides the information that it will be a ghost story. This in itself would signal the fact that the film's narrative will involve the pleasures of that kind of story: the setting up and unravelling of a central enigma involving in that process the pleasures of shock and suspense with the central pleasure of security involved in knowing that the shock and suspense will be contained, the enigma resolved. The 'atmosphere' of suspense and mystery is provided by the lighting in the poster, and a hint of its narrative drive by the pointed hand of the ghost, leading the characters depicted (and the potential spectator) further into the story's hermeneutic chain. Shock and surprise are given in the gestures and posture of the three figures depicted in the foreground. The title itself, of course, further reinforces the connotations depicted in the visual elements. The word 'mystery' in particular indicates the central narrative pleasure of the ghost film: the presence of the enigma (figured in the presence of the ghost – here indicated only graphically).

At the other extreme in the 'single image' tradition, is the poster for 'La Nouvelle Profession de Charlot', which consists simply of an image of Charlie Chaplin (re-inforced by the name 'Charlot' in the title of the film) and the title 'Keystone Comedies' above it.

Here, the image of the star alone is virtually sufficient to provide the potential spectator with knowledge about the film – with knowledge about the pleasures and meanings he or she can buy at the box office: that mixture of humour and pathos that is so characteristic of Chaplin films; a narrative that will string together a set of gags dependent upon bodily dexterity (itself having a particular visual pleasure for the spectator), while finding its linear direction from the character's attempts to extricate himself from the social consequences and actions his breaking of taboos has set in motion and from his romantic involvement with a heroine, the latter offering an image of stability set over against the constant movement and action of the gags, the two together playing off comedy with pathos. The ultimate pleasure of the resolution, known in advance from previous viewings of Chaplin films and/or from the surrounding discourse about them (newspaper reviews and articles, everyday conversation), being their fusion in the image of Charlie walking away from the camera, on his own, toward the horizon.

Already, two of the primary modes of meaning and pleasure offered by the film industry – genre (the ghost film, a sub-genre of the 'fantastique') and star – have appeared. Their presence can be located in a number of other posters and their reciprocal importance indicated. The poster for 'The General', like the Chaplin poster, relies primarily on the single drawn image of Buster Keaton, where again, like Chaplin, the appeal is to a particular genre, crazy comedy, and, within that, to the specificities of the Keaton film. In the tradition of 'composite' posters, which I shall go on to say something more about, images of stars predominate in the posters for 'The Sellout' and 'Inside Out', though in both instances they are combined with compositionally subordinate elements which act to underline the connotations carried by those stars, clearly specifying genre meanings and appeal – the thriller in each instance. Interestingly the stars in the former poster, Richard Widmark, Oliver Reed and Gayle Hunnicut, though each has certain connotations (Widmark and Reed in particular), are not specifically associated with thrillers. Hence the image of the hand with the gun and the image of the car assume great importance in signalling genre. Moreover, unlike the poster for 'Inside Out', there is an important indication of genre provided by the written caption: 'They have 24 hours to outfox the CIA the KGB and each other'. The poster for 'Inside Out' can carry its information solely through the images and through the star presence of Telly Savalas and Robert Culp in particular, both of whom are very strongly identified (in particular through their TV work) with the thriller.

In some instances genre and star or stars are almost totally mutually identifiable; thus an image of the latter will immediately evoke the former. Chaplin and Keaton have already been pointed to. W. C. Fields ('You're Telling Me') would be another example. In the case of the Carry On films, a group of stars are identified with and evoke the Carry On cycle with its particular meanings and pleasures. The fact

fel arwydd o'r genre. At hynny, yn wahanol i'r poster ar gyfer 'Inside Out', y mae'r pennawd ysgrifenedig yn rhoi i ni arwydd pwysig o'r genre: "They have 24 hours to outfox the CIA, the KGB and each other". Y mae'r poster ar gyfer 'Inside Out' yn gallu cyfleu ei neges drwy ddelweddau yn unig, a thrwy bresenoldeb y sêr Telly Savalas a Robert Culp yn enwedig gan eu bod ill dau wedi eu huniaethu i raddau helaeth iawn (yn enwedig drwy eu gwaith teledu) gyda'r 'thriller'.

Mewn rhai enghreifftiau, mae'r genre a'r seren neu'r sêr wedi eu huniaethu bron yn llwyr; felly bydd delwedd o'r olaf yn rhwym o ddwyn y cyntaf i'r cof. Cyfeiriwyd at Chaplin a Keaton eisoes. Enghraifft arall o hyn fyddai W.C. Fields (You're Telling Me). Yn y ffilmiau 'Carry On', uniaethir grŵp o sêr â'r cylch 'Carry On' a byddant yn dwyn y cylch hwnnw i gof, gyda'i ystyron a'i bleserau arbennig. Y mae'r ffaith mai grŵp o sêr a geir yma yn bwysig a chanddo ymhlygiadau uniongyrchol parthed natur cyfansoddiad y posteri ar gyfer y ffilmiau 'Carry On' gan fod pob un ohonynt ('Carry On Girls', 'Carry On Up the Jungle', a 'Carry On Dick') wedi eu trefnu yn ôl yr un egwyddorion.

Darlunir y sêri i gyd gyda'i gilydd mewn grŵp mewn gweithred sy'n gysylltiedig ag arbenigrwydd y rhediad storïol ym mhob ffilm: merched mewn cystadleuaeth harddwch ar gyfer 'Carry On Girls', merched "brodorol" a chyfeiriadau gweledol at ganibaliaeth yn 'Carry On Up the Jungle' a lladron penffordd (drwy gyfrwng y ceffyl a gwisg y ddeunawfed ganrif yn bennaf) 'Carry On Dick'. Ym mhob achos, y mae'r cyfansoddiad grŵp yn arwain at duedd a threfn lorweddol gref ac yn y ddwy enghhraifft olaf y mae'r weithred sydd ar y gweill yn amlygu'r duedd a'r drefn honno, a hwyrach ei bod ei hun yn dwyn y syniad o "gario 'mlaen" i'r meddwl. Ym mhob achos hefyd, y mae'r dull graffig, cartwnaidd arbennig yn gyson ac ynddo'i hun yn tanlinellu'r modd y dynodir y syniad o gomedi, a chysylltir yr elfennau o'i fewn, yn enwedig y gwragedd, yn benodol â'r math o hiwmor a gynigir gan y ffilm. Ym mhob achos hefyd, atgyfnerthir hyn gan jôc ar ffurf pennawd ysgrifenedig: 'The Carry On team in STARKEST Africa' ('Carry On Up the Jungle'); 'Dick Turpin Carries On with his Flintlock Cocked' ('Carry On Dick'); "The 'Carry On' team expose the beauty queen!" Y mae natur sylfaenol 'ddiogel' y rhywioldeb a'r lled-awgrym rhywiol yn y ffilmiau (ac un o brif ffynonellau eu pleser felly) a, fel mae'n digwydd, eu rhywyddiaeth ideolegol ddigywilydd yn amlwg yma.

O safbwynt y dull arall, y tair enghraifft a gymeraf yw'r posteri ar gyfer 'Ben-Hur', 'Advise and Consent' a 'Captain Horatio Hornblower'. Un ddyfais gyfansoddol seml ar ffurf pyramid sy'n dal elfennau amrywiol y cyntaf o'r rhain ynghyd. Y mae'r elfennau hynny i gyd yn arwydd o'r genre epig. Gwneir hyn yn bennaf drwy raddfa'r elfennau gweledol mewn perthynas â'i gilydd: y ffigurau dynol pitw yn erbyn yr ysgrifen anferth. Y mae hyn yn bwysig oherwydd un o brif bleserau a phrif apêl yr epig yw ei math arbennig hi o olygfa drawiadol: y defnydd a wneir o raddfa ar gyfer elfennau fel golygfeydd brwydr, golygfeydd llys, gorymdeithiau (a phleser gweledol pur hynny–y pleser a geir o edrych ar rywbeth a drefnwyd mor ofalus a mor foethus ar gyfer y llygad) yn ogystal ag elfennau sinematig megis sgrin lydan, lliw ac ati. Gellir gweld hyn hefyd yn y poster ar gyfer 'The Message', er enghraifft.

Y mae 'Advise and Consent' yn ddiddorol oherwydd ei ansawdd haniaethol–ei ymdrech i gyfleu thema storïol drwy'r ddelwedd o 'dynnu'r clawr oddi ar y Tŷ Gwyn'. Yn arwyddocaol, y mae natur haniaethol a throsiadol y ddelwedd hon yn golygu fod yn rhaid ei hangori a'i hatgyfnerthu mewn geiriau. O ganlyniad, 'Otto Preminger spotlights the men and women of Washington D.C. on the record and off!' Y mae'r poster yn ei grynswth yn gyfansawdd o'r rhain ynghyd â rhestr enwau'r actorion a gwneuthurwyr y ffilm. Drwy'r elfennau hyn, rhoddir 'delwedd storïol' y ffilm: thema ganolog y stori yw ymryson am rym yn Washington, gyda phleserau ac ystyron y math hwnnw o ddrama, a'r wybodaeth y caeir pen y mwdwl yn y pen draw, ynghyd â'r pleser mwy 'difrifol' o drafodaeth ar sefydliadau gwleidyddol cyfoes o'u hystyried o safbwynt grym a moeseg grym fel problem i'r unigolion o fewn y sefydliad hwnnw.

Y mae'r poster ar gyfer 'Captain Horatio Hornblower' yn ddiddorol oherwydd ei fod yn defnyddio dwy ddelwedd yn ei gynllun (gan sefydlu hierarchaeth rhwng y ddwy ar sail graddfa) er mynegi apêl ddeublyg y ffilm: ar y naill law yr olygfa drawiadol o frwydr ar y môr (a'r olygfa drawiadol ychwanegol a gynigir gan wisg a chefndir hanesyddol) ac ar y llall, yn dra israddol i'r brif thema, rhamant a chariad; ar y naill law apêl i gynulleidfa wrywaidd–cyffro–(rhywbeth a atgyfnerthir gan bresenoldeb y seren a'r arwr gwrywaidd yn unig) ac ar y llall, apêl i gynulleidfa fenywaidd. B ydd a wydd y

that it is a group of stars is important and has direct implications for the compositional nature of the posters for the Carry On films, each of which (Carry On Girls, Carry On Up the Jungle and Carry On Dick) are organised around the same principles. The ensemble of stars are depicted together as a group in an action that relates to the specificity of the narrative of each film – girls in a beauty contest for 'Carry On Girls', 'native' girls and visual reference to cannibalism in 'Carry on Up the Jungle' and highwaymen (primarily through the horse and eighteenth century dress) in 'Carry on Dick'. In each case the ensemble composition leads to a strongly horizontal orientation and organisation and in the latter two instances an action in process both highlights that orientation and organisation and possibly itself evokes the idea of 'carying on'. In each case, too, the particular cartoon graphic style is constant and itself underlines the signification of the idea of comedy and the elements within it, in particular the women, are specifically associated with the kind of humour offered by the films. In each case, too, a written 'joke' caption reinforces this: 'The Carry On team in STARKEST Africa' (Carry On Up the Jungle); 'Dick Turpin Carries on with his Flintlock Cocked' (Carry On Dick); 'The 'Carry On' team expose the beauty queen!' Both the fundamentally 'safe' nature of sexuality and sexual innuendo in the film (and therefore a great source of their pleasure) and, incidentally, their blatant ideological sexism are evident here.

With regard to the alternative strategy, the three examples I will take are the posters for 'Ben-Hur', 'Advise and Consent' and 'Captain Horatio Hornblower'. The former's range of elements are held together by the simple pyramidal compositional device. All those elements signify the genre 'epic'. This is principally done through the scale of visual elements in relation to each other: the tiny human figures as against the (almost literally) monumental writing. This is important because one of the prime appeals and pleasures of the epic is its particular kind of spectacle: the use of scale for elements like battle scenes, court scenes, processions (and the sheer visual pleasure of that – the pleasures of looking at something so carefully and lavishly arranged for the eye) as well as cinematic elements like wide-screen, colour and so on. This can also be seen, for instance, in the poster for 'The Message'.

'Advise and Consent' is interesting for its abstractness – its attempt to convey a narrative theme through the image of 'the lid off the White House'. Significantly, the abstract and metaphorical nature of this image necessitates its anchorage and reinforcement by means of language. Hence, 'Otto Preminger spotlights the men and women of Washington D.C. on the record and off!' The poster as a whole is a composite of these plus the list of credits. Through these elements, the 'narrative image' of the film is given: a story centred on power struggles in Washington with the pleasures and meanings of that kind of drama and the knowledge of its eventual resolution, with the more 'serious' pleasures of a discourse about currently established political institutions posed in terms of power and the ethics of power as a problem for the individuals in that institution. The poster for 'Captain Horatio Hornblower' is interesting for its schematic use of two images (and the way a hierarchy is established between the two in terms of scale) to indicate the twin appeals of the film: on the one hand adventure, the spectacle of naval action (and the added spectacle of historical dress and setting), on the other, but much more subordinated, romance and love; on the one hand an appeal to a male audience – action – (something reinforced by the presence of the male star and hero alone) and on the other an appeal to a female audience. The industry's desire to draw in as large and heterogeneious an audience as possible produces certain contradictions and splits within the films. Although it recognises a diversity of interest and appeal, for instance between a male and a female audience, which is reflected in its varied genres (Melodramas and Musicals primarily for a female audience, Westerns, Gangster films and Adventure films primarily for a male one) it still designs each genre and each film within a genre to have as wide an appeal as possible. Thus films primarily for a male audience with the values of action and violence will have elements for women, usually 'romantic interests'. This has consequences for the organisation of the films themselves and often produces a split between action scenes and love scenes, the latter conflicting with the drive of the former. Their mutual antagonism and level of incompatibility is reflected in the poster by its decidedly 'split' organisation. This poster is also interesting for its treatment of the star, Gregory Peck. As we have seen, certain stars may be strongly associated with a

diwydiant am ddenu cynulleidfa mor fawr ac mor amrywiol ag sy'n bosibl yn esgor ar rai gwrthgyferbyniadau a rhaniadau o fewn y ffilmiau. Er ei fod yn cydnabod amrywiaeth mewn diddordeb ac apêl, er enghraifft rhwng cynulleidfa wrywaidd ac un fenywaidd a adlewyrchir yn ei wahanol genres (ffilmiau melodramatig a rhai cerddorol ar gyfer cynulleidfa o ferched yn bennaf, ffilmiau'r Gorllewin Gwyllt, ffilmiau "Gangster" a ffilmiau Antur ar gyfer dynion yn bennaf) eto parheir i lunio pob genre a phob ffilm o fewn genre fel y bo ganddo'r apêl ehangaf posibl. Gan hynny, bydd ffilmiau a fwriedir ar gyfer cynulleidfa wrywaidd yn bennaf, gyda'r gwerthoedd o gyffro a thrais, yn cynnwys elfennau ar gyfer gwragedd hefyd, "diddordeb rhamantaidd" fel arfer. Y mae hyn yn effeithio ar adeiladwaith y ffilmiau eu hunain ac yn esgor yn aml iawn ar rwyg rhwng golygfeydd cyffrous a golygfeydd cariad, gyda'r naill yn gwrthdaro ag ysgogiad y cyntaf. Adlewyrchir eu gwrthwynebiad atgyrchol a'r elfen o ieuo anghymharus yn y poster, sydd wedi ei 'hollti' o ran trefniant mewnol. Y mae'r poster hwn yn ddiddorol hefyd o safbwynt ei ymdriniaeth o'r seren, Gregory Peck. Fel y gwelsom eisoes, fe all fod rhai sêr wedi eu cysylltu'n gryf â genre neilltuol; gall eu delwedd mewn poster ynddo'i hun fod yn arwydd o'r genre hwnnw felly, a thrwy hynny yn arwydd o'i ystyron a'i bleserau posibl. Nid yw hyn yn arbennig o wir am Peck. Fe'i darlunir felly yn gwisgo gwisg benodol, mewn cefndir penodol ac o fewn sefyllfa storïol neilltuol sydd, o fewn y poster yn ei grynswth, o'i ystyried ochr yn ochr â theitl y ffilm, yn arwydd o'r genre hwnnw.

Cyn cloi, hoffwn ddweud rhywbeth ynglŷn â'r posteri ar gyfer 'The Lady with the Little Dog' a 'The Music Room'. Ni phennir tebygrwydd arddulliadol y posteri hyn gan genre neu gylch arbennig (megis yn achos y ffilmiau 'Carry On'), nac un stiwdio arbennig, ac nid yw'n arwydd o'r naill na'r llall. Fe'i cysylltir yn hytrach ag un sinema neilltuol, sef yr Academy yn Llundain, a dim ond gydag un math neilltuol o ffilm wedyn–yr hyn y gellid ei alw'n 'Ffilm Gelfyddyd'. Dyma enghraifft eithriadol o glir o'r cysylltiadau rhwng un agwedd ar y sefydliad sinemataidd (sef sinema neilltuol), rhwyfaint o reoleiddio arwyddocad sinemataidd, ac un gynulleidfa benodol o ran cefndir cymdeithasol (y dosbarth canol "diwylliedig"); fe'u delir ynghyd–fe'u cynhelir i raddau–gan gyhoeddusrwydd, gan y poster. Oherwydd fod gan bosteri'r sinema hon arddull arbennig sy'n hawdd ei hadnabod–amlinelliad o ffigur yn erbyn cefndir cynllunedig a luniwyd o flociau llydan o liw–y maent yn arwydd o fath o ffilm ac o sinema arbennig. Y mae'r naill lefel a'r llall yn atgyfnerthu ei gilydd drwy gynnig pleserau ac ystyron Celfyddyd mewn arddull nodedig ac unigryw dros ben (arwydd Celfyddyd) ynghyd â stori sydd yn symud âchflymdra a bennir nid gan werthoedd o gyffro a golygfeydd trawiadol (fel a berthyn i Hollywood) ond gan hunan-ddadansoddi a sgwrsio'r cymeriadau; drwy hynny, gan yr hyn a ystyrir gan y dosbarth sy'n cefnogi'r ffilmiau hyn ac yn mynd i'w gweld, yn ystyron pwysig, difrifol a chanddynt ganlyniadau cymdeithasol.

Y mae'n amlwg mai bras a phetrusgar yw'r nodiadau byrion hyn ar bosteri unigol. Y mae'n amlwg y byddai'n ddiddorol i'w hastudio mewn perthynas â'r ffilmiau eu hunain i weld pa ystyron a phleserau posib sydd ar gael yn y rheini, sut y gellir eu "darllen" a pha mor wahanol i hynny yw'r "darlleniadau" a gynigir gan y posteri–h.y., nid yn unig sut y sianelir ystyr a phleser drwy drefniant mewnol y ffilmiau eu hunain ond sut hefyd y sianelir mwy fyth arnynt drwy gyfrwng y posteri. Mewn perthynas â'r sinema, a'r broses o astudio a dadansoddi ei gyfansoddrannau a'u swyddogaeth gymdeithasol, y mae'n werth dyfynu o erthygl Stephen Heath unwaith eto:

"....bydd y diwydiant ffilmiau yn gwneuthur cynnyrch ffilm, ond y mae i'r cynnyrch hwn ystyr, ac fe'i gwerthir ar sail ystyr a phleser: rhwng diwydiant a thestun y mae arnom hefyd angen categori megis peiriant, sef y sinema ei hun o'i ddeall fel stôr o gyfyngiadau a diffiniadau, o bosibiliadau a ffactorau nodweddol y gellir mewn perthynas â hwy adnabod ffilm fel proses neilltuol o roi arwyddion, a thrwy hynny ymaflyd yn ddialectegol yn y ffilm unigol. Gall pob un o'r tri maes yma ddod â'i gyfundrefn ei hun o orchwylion a phrosesau astudio gydag ef ond y mae'n bwysig beunydd talu sylw i'r modd y cydgroesant". (Heath tud. 26).

Steve Neale.

particular genre; their image in a poster may therefore, of itself, signify that genre, and, therefore, its potential meanings and pleasures. This is not particularly the case with Peck. He is therefore illustrated wearing a specific costume, in a specific setting and within a particular narrative situation that, within the larger section of the poster, and taken together with the film's title, signifies that genre.

Before concluding, I would like to say something about the posters for 'The Lady with the Little Dog' and 'The Music Room'. The stylistic similarity of these posters is determined by and signifies, not a particular genre or cycle, as with the Carry On films, nor a particular studio, but is rather associated with a particular cinema, the Academy in London, and only then, with a partucular kind of film – what might be termed the 'Art film'. Here there is a particularly clear instance of the links between an aspect of the cinematic institution (a particular cinema) a certain regulation of cinematic signification, and a particular socially specific audience ('cultured' middle-class) held together, maintained in part, by publicity, by the poster. Because the posters for the cinema have a specific, identifiable style – a linear figure set against a schematic background composed of broad blocks of colour – they signify both a type of film and a cinema, each mutually enforcing the other in offering the pleasures and meanings of Art, a heavily marked and individual style (the sign of Art), together with a narrative whose pace is determined less by the values of action and spectacle (as with Hollywood) than by the introspections and conversations of its characters, and, through this, what are held by the class who supports and attends these films to be important, serious and socially consequent meanings. These brief notes on the individual posters are evidently sketchy and tentative. It would evidently be interesting to study them in relation to the films themselves to see what potential meanings and pleasures are available in the latter, what kinds of 'readings' can be made of them, and how they differ from the 'readings' offered by the posters – i.e. how meaning and pleasure is channelled not only through the organisation of the films themselves, but also how a further channelling process takes place through the posters. In relation to the cinema and study and analysis of its components and their social function, it is worth quoting from Stephen Heath's article again:

'...the film industry manufactures film products but these products mean and sell on meaning and pleasure; between industry and text, we also need a category like machine, cinema itself understood in its stock of constraints and definitions, its possibilities and points of determination, with respect to which film can be distinguished as specific signifying practice and a particular film seized dialectically in its operation. Each of the three areas can bring with it its own set of tasks and study procedures, but attention to their intersection is constantly important.' (Heath p.26).

Steve Neale.

1.

1. Edison's Life Size Animated
Pictures/China & Boer Wars
c. 1900; 30 x 20
Cynllunydd/Designer:
Albert George Morrow.

2.

2. Britannia Theatre of
Varieties, Glasgow 1899; 30 x 11

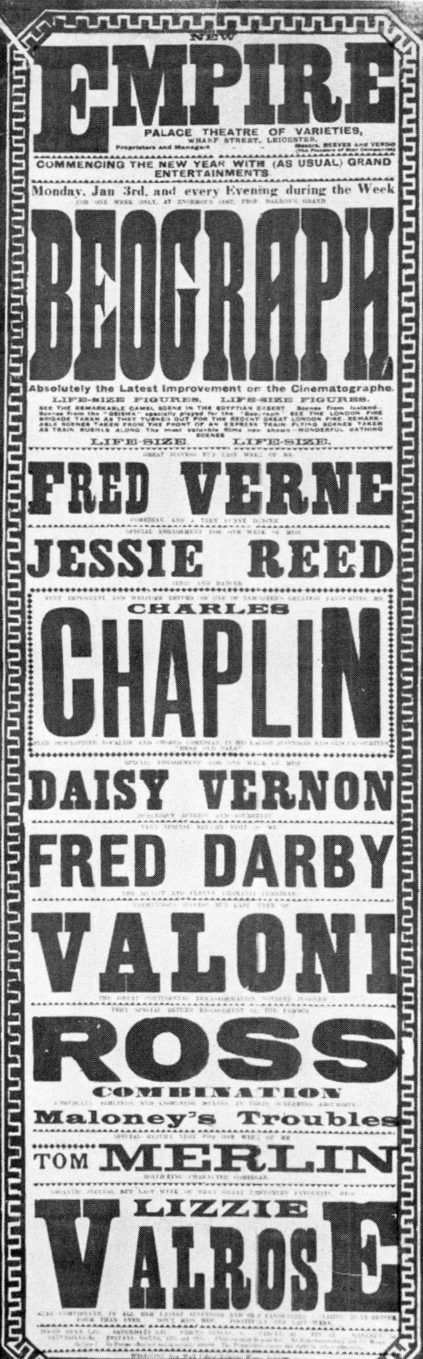

3. Albany Ward's Electric
Picturedrome, Salisbury
1899-01; 30 x 10

4. New Empire Palace of
Varieties, Leicester
1899-01; 35 x 11

5. Empire Theatre of Varieties,
Barrow-in-Furness; 1899; 35 x 11

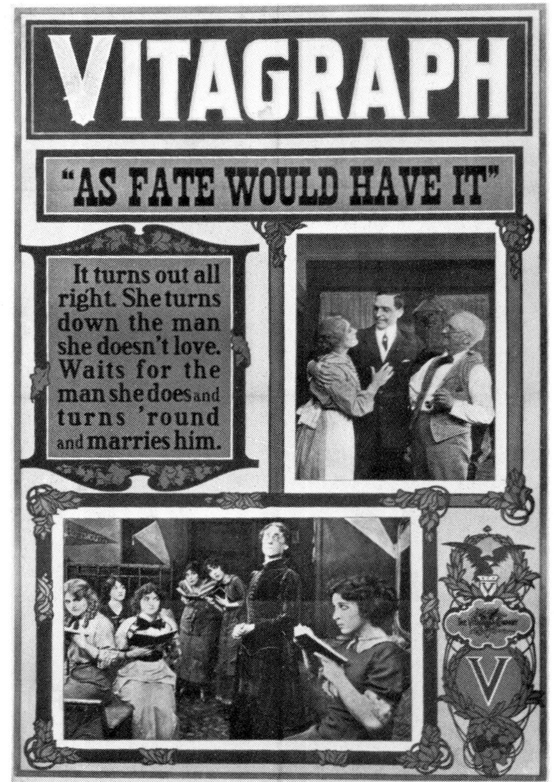

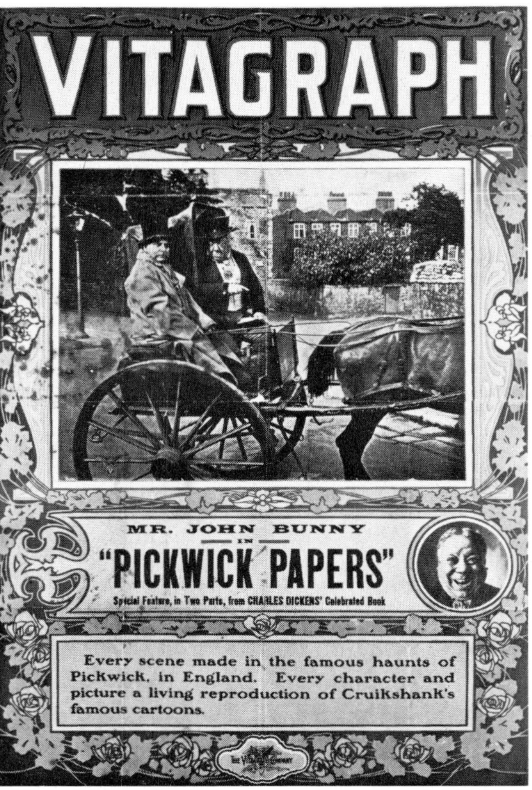

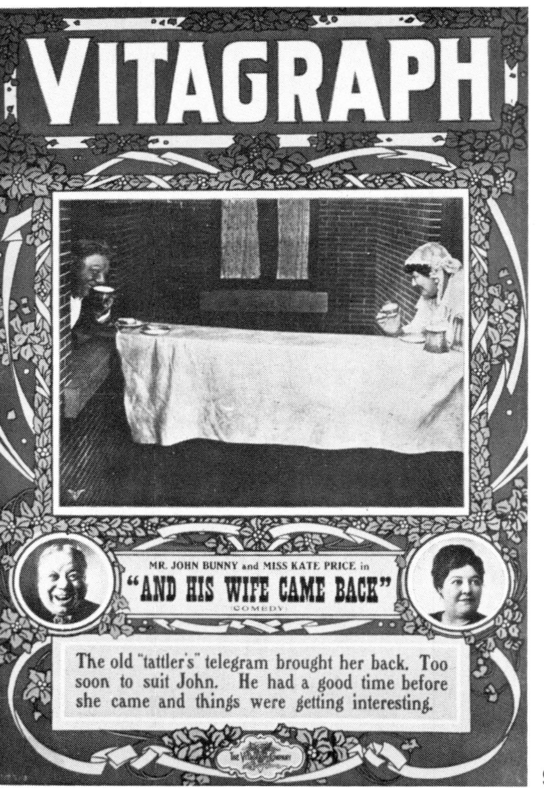

6. As Fate Would Have It
1912; 42 x 28

7. A Heart of the Forest
1912-13; 42 x 28

8. Pickwick Papers
1913; 44 x 30

9. And His Wife Came Back
1913; 42 x 28

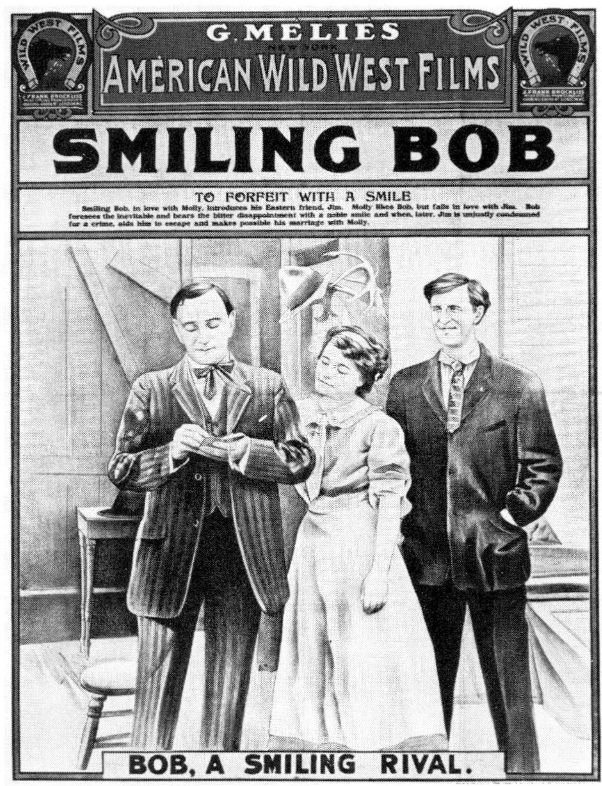

10. Smiling Bob
1910-13; 40 x 30

11. The Making of Bronco Billy
1913; 40 x 30

12. The Virtue of Rags
1912; 40 x 30

13. Bronco Billy's Xmas Dinner
1912; 40 x 31

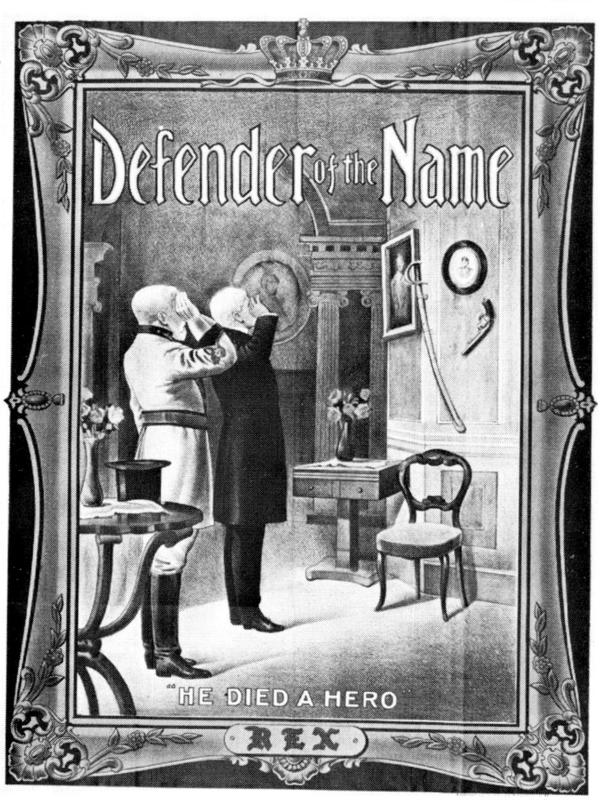

14. The Fairy Bottle
1913; 39 x 30

15. Coronation Pictures
1911; 32 x 22

16. The Reward of
Perseverance 1912; 40 x 30

17. Defender of the Name
1910-20; 40 x 30

A CANINE SHERLOCK HOLMES
URBANORA
18.
19.
20.
21.

18. Flo's Discipline
1911; 41 x 28

19. A Canine Sherlock Holmes
1912; 40 x 30

20. Allan Field's Warning
1913; 39 x 29

21. A Bear Escape
1912; 40 x 30

22.

22. The Regeneration of Nancy
c. 1913; 40 x 28

23.

23. The District Attorney's
Conscience
1913; 40 x 30

24. The Adventures of Kathlyn No10: The Warrior Maid 1914; 40 x 30

25. The Adventures of Kathlyn No3: The Temple of the Lion 1914; 40 x 30

26. The Fire Fighter's Love 1900-10; 43 x 33

27. 'A' Pictures Poster c. 1914; 40 x 30

28.

29.

28. Bill's Reformation
1912; 43 x 33

29. Blood and Bosh
1913; 43 x 33

30.

30. Sally in our Alley
1913; 43 x 32

31.

32.

33.

34.

31. The Coming Back of
Kit Denver
1912; 40 x 30

32. Lieutenant Daring R.N./
The Photographing Pigeon
1912; 40 x 30

33. So Near yet So Far
1912; 40 x 30

34. Drink's Lure
1913; 41 x 28

35.

36.

35. Man's Genesis
1912; 40 x 30

36. The Battle of Elderbush
Gulch
1913; 40 x 28

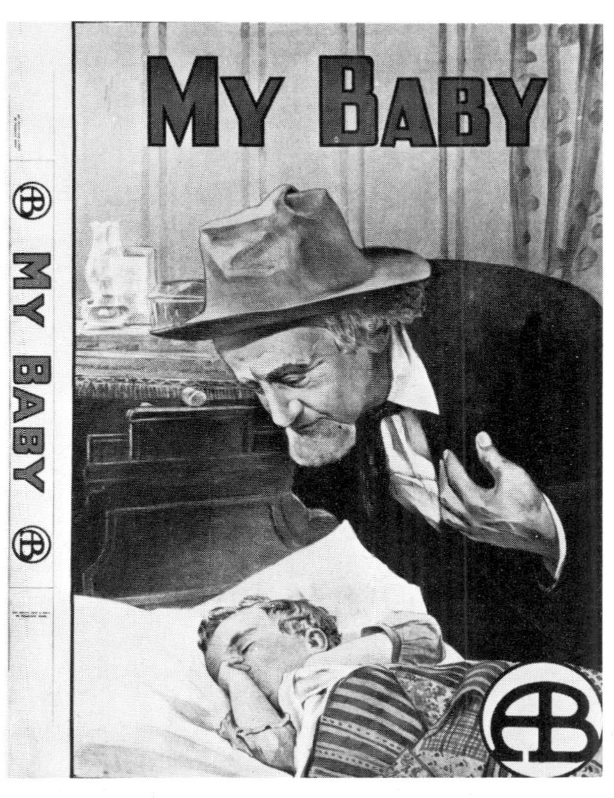

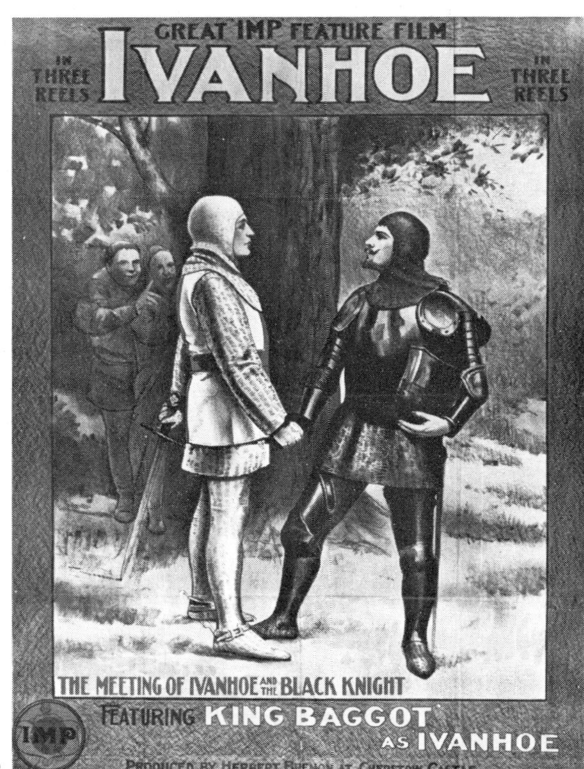

37. 38. 39.

37. My Baby **38.** Ivanhoe **39.** Nina's Prayer
1912; 40 x 30   1913; 40 x 30   1912; 40 x 30

40.

40. The Girl in the Armchair
1910-15; 40 x 30

41.

42.

41. The House of Mystery
1913; 39 x 29

42. The Hater of Women
c. 1914; 40 x 30

43.

43. Advertising Poster for
Hepworth Film
1910-15; 40 x 29

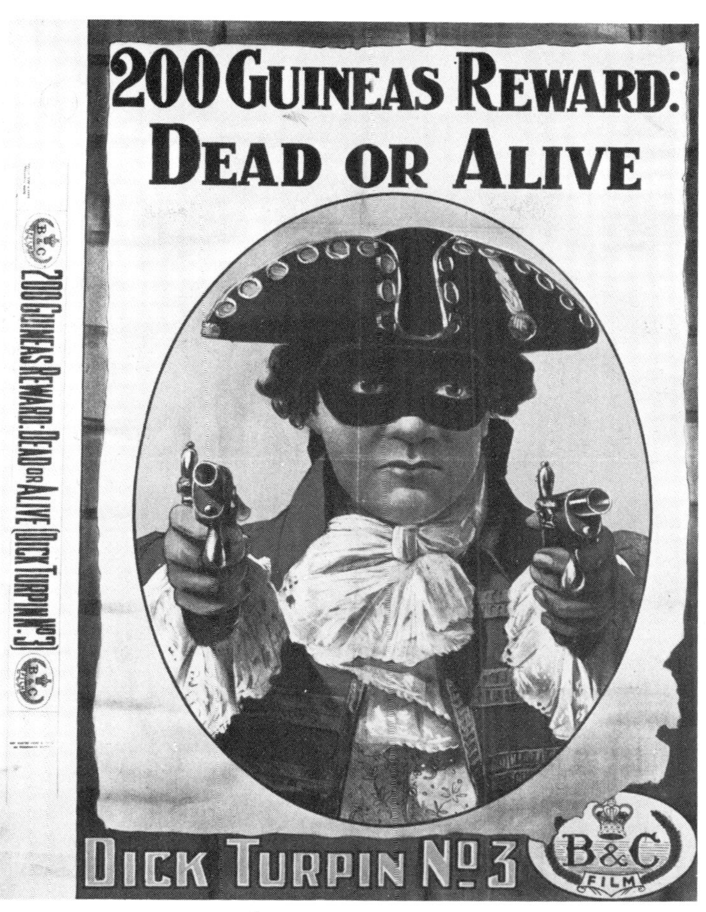

44.

45. **46.**

44. Dick Turpin No. 3
1912; 42 x 32

45. La Nouvelle Profession
de Charlot
c. 1914; 40 x 30

46. Very Sincerely Yours/
Pearl White
1910-20; 40 x 27

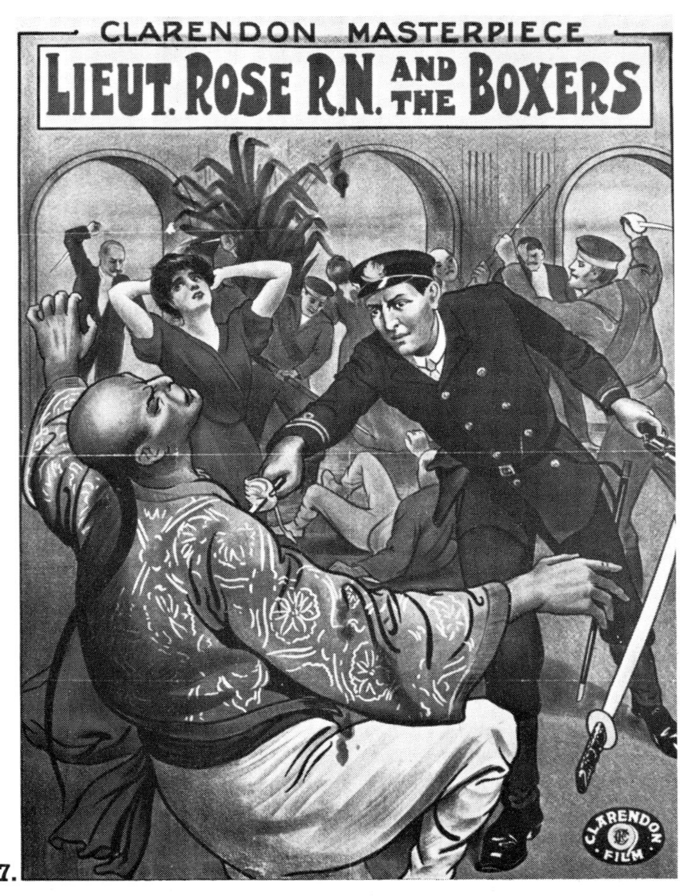

47.

48.

49.

47. Lieutenant Rose, R.N. and the Boxers
1911; 42 x 32

48. Paying the Board Bill
1912; 40 x 30

49. The Sophomore
1910-20; 41 x 27

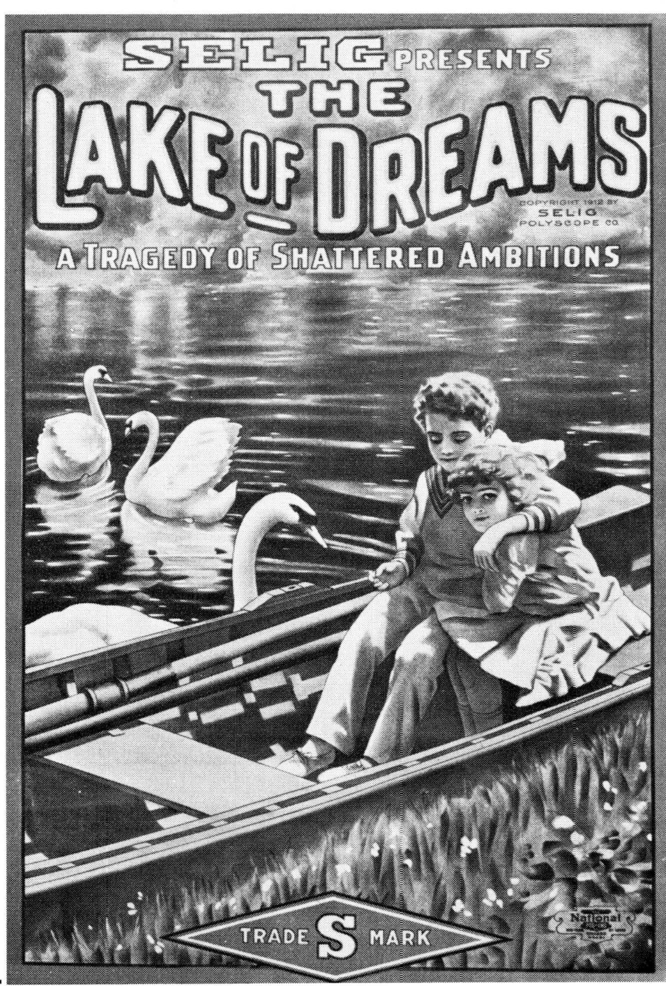

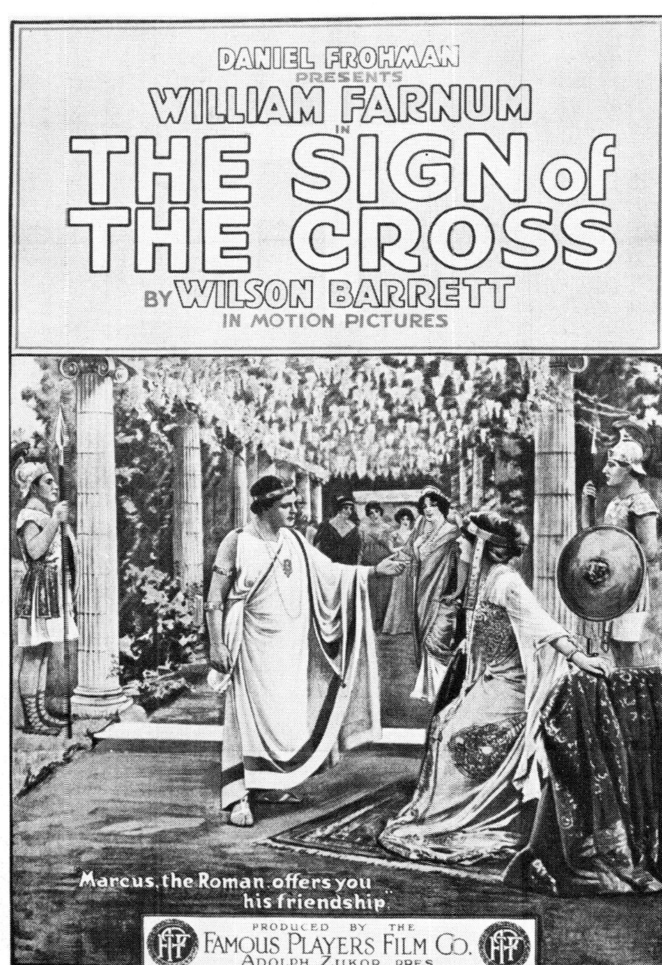

50. The Lake of Dreams
1912; 41 x 28

51. The Sign of the Cross
1914; 42 x 28

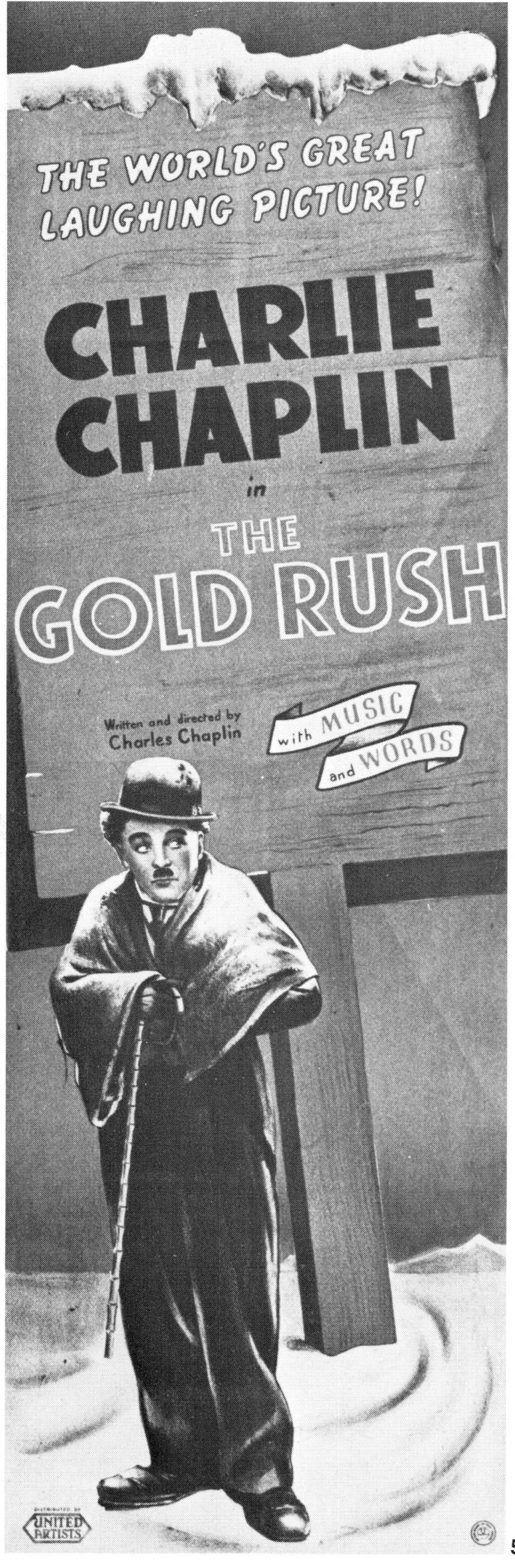

52. The Last Days of Pompeii
c. 1912; 87 x 40

53. The Goldrush
1925; 60 x 20

57. Sins of the Fathers
1928; 40 x 26

56.

55. Honeymoon Hate
1927; 41 x 27

56. The Gaucho
1927; 41 x 28

54.

55.

54. The General
1927; 41 x 28

58.

59.

60.

58. Gentlemen Prefer Blondes
1928; 41 x 27

59. You're Telling Me
c. 1930; 25 x 29

60. The Vagabond King
1930; 41 x 27

61. Duck Soup
c. 1930; 22 x 28

62.

62. Flying Down to Rio
1933; 41 x 27

63. Cockeyed Cavaliers
1934; 41 x 27

64.

64. The Dawn Rider
1935; 41 x 27

65. Tom Mix/The Miracle Rider
1935; 41 x 27

66. A Midsummer Night's Dream
1934; 22 x 28

67. George White's 1935 Scandals
1935; 30 x 40

68. March of time No. 4
1936; 30 x 20

69.

71.

70.

69. The Drum
1937; 40 x 30

70. Snow White
1938; 32 x 42

71. Heart of Arizona
1938; 41 x 27

72. Mr. Wong Detective
1938; 41 x 27

73. 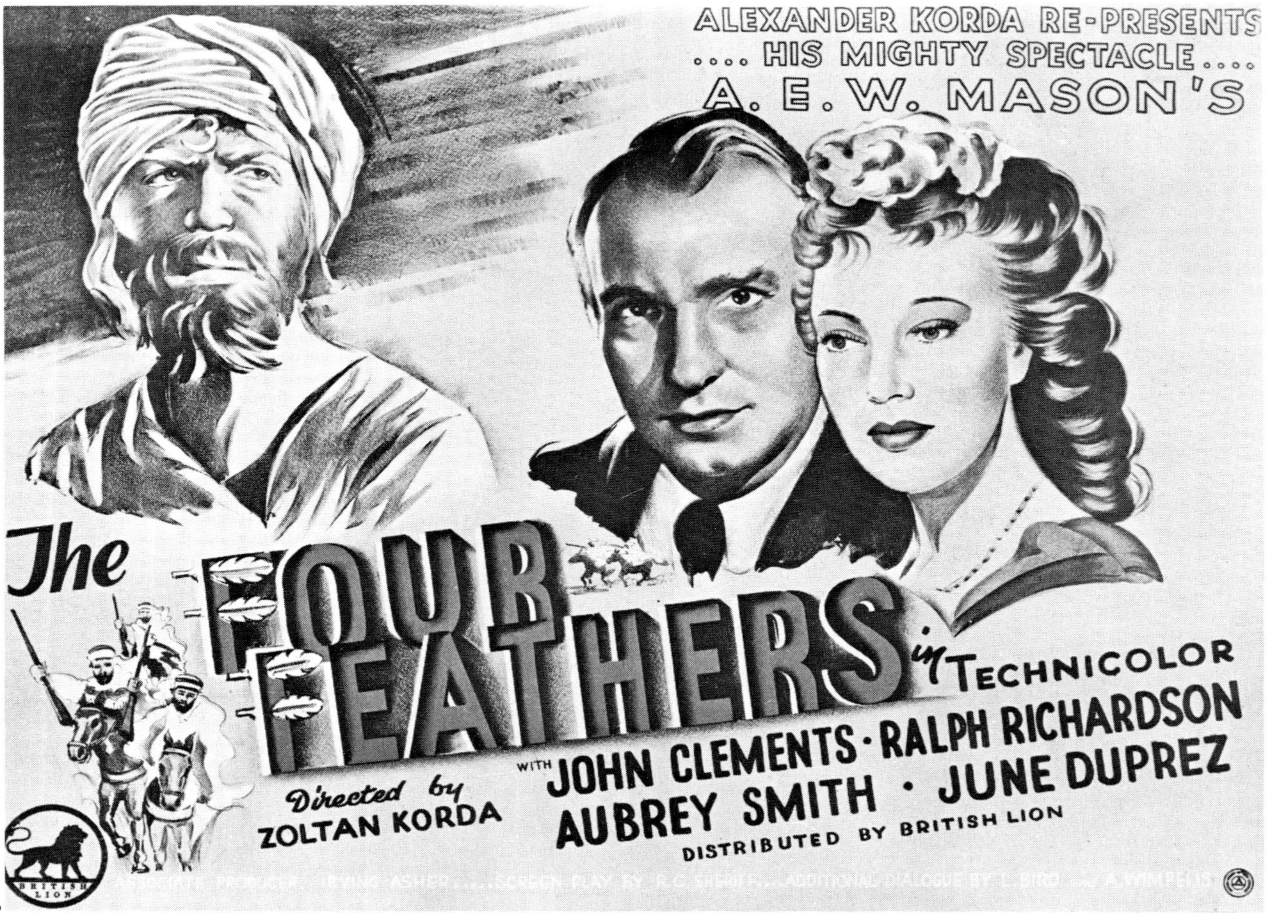

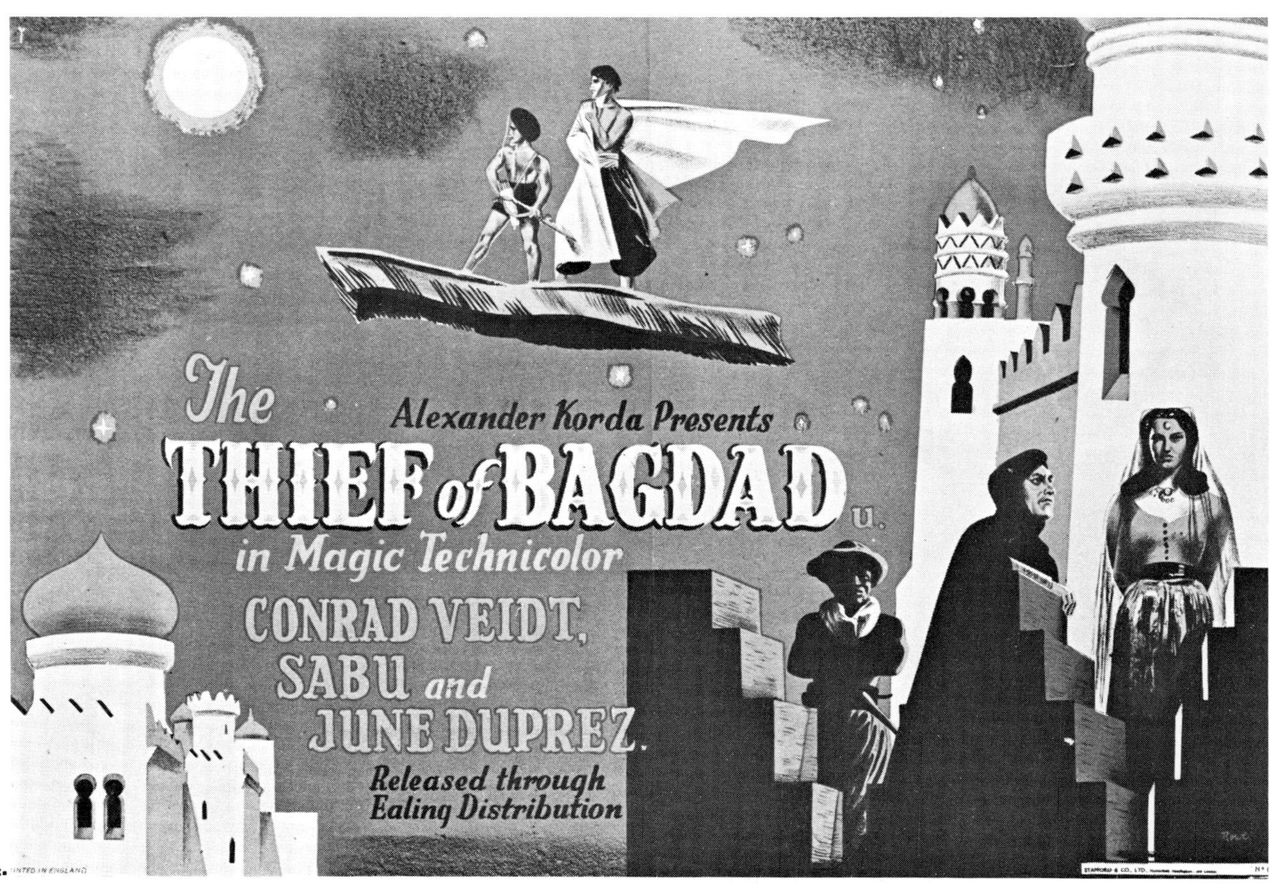

74.

73. The Four Feathers
1939; 32 x 42

74. Thief of Bagdad
1939; 28 x 39

75.

76.

75. Old Mother Riley in Society
1940; 30 x 39

76. Captain America
1943; 41 x 27

77. Lassie Come Home
1943; 27 x 37

78.

78. Henry V
1945; 32 x 42
Artist: Eric Pulford

79. The Ghost Goes West;
1935; 88 x 40
Cynllunydd/Designer: Chard

80. British Movietone News
907A Vol. 18 1946; 30 x 20

82.

83.

82. Tarzan
1954; 42 x 28

83. The Lady from Shanghai
1947; 41 x 27

81. Things to Come
1948; 31 x 41

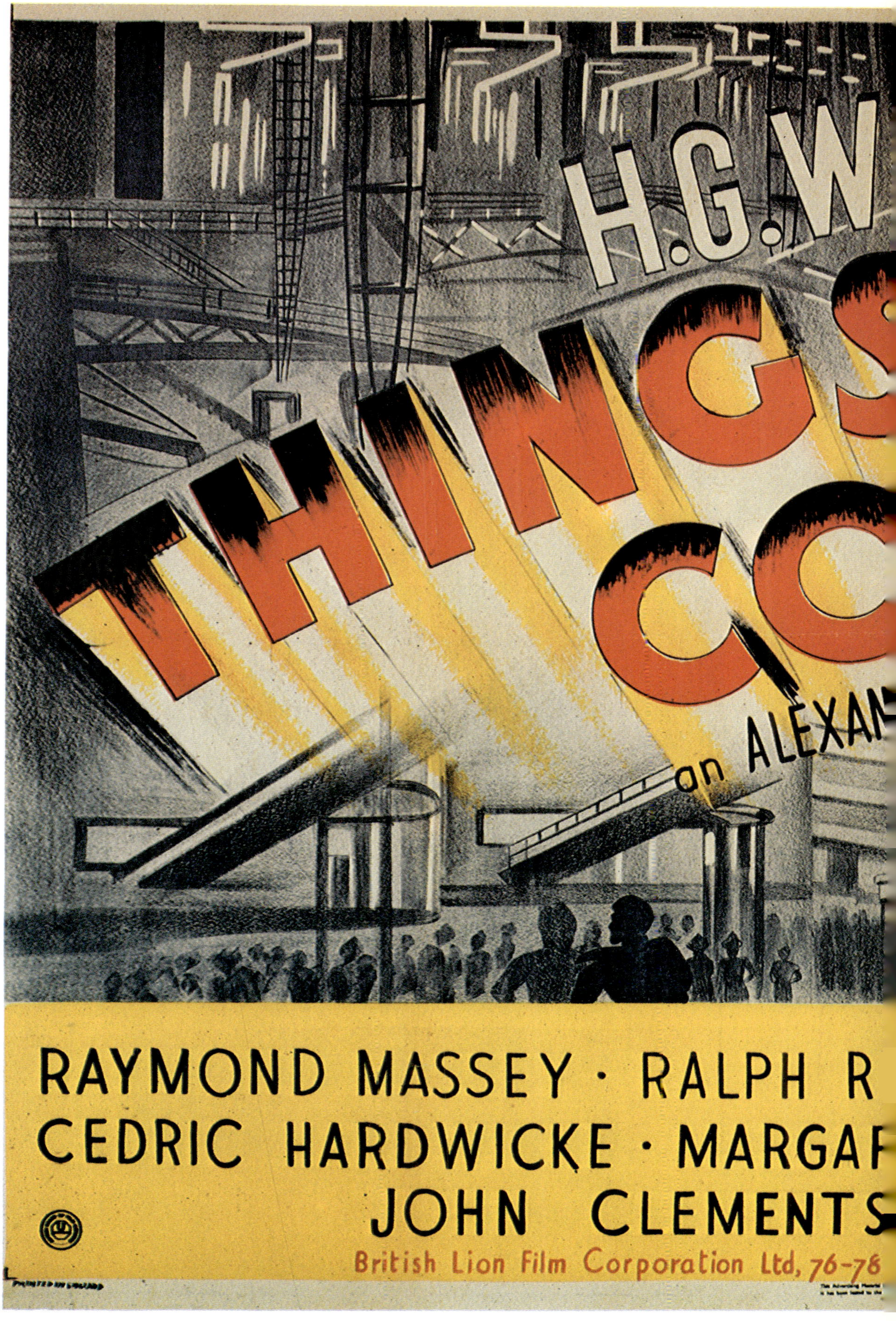
H.G.W
THINGS
CO
an ALEXAN
RAYMOND MASSEY · RALPH R
CEDRIC HARDWICKE · MARGAR
JOHN CLEMENTS
British Lion Film Corporation Ltd, 76-78

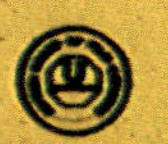

81.

84. Captain Horatio
Hornblower
1951; 30 x 40
Cynllunydd/Designer:
Rossiter

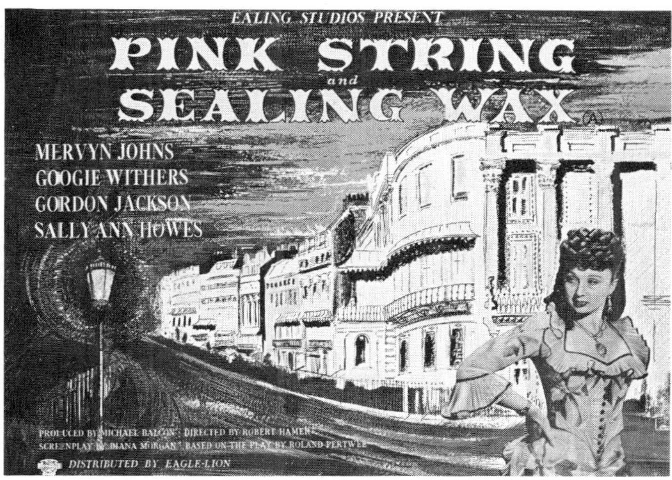

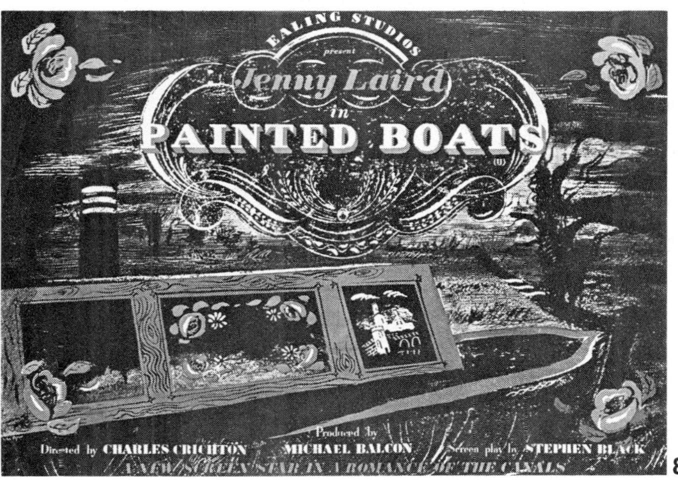

85. They Came to a City
1944; 30 x 40
Cynllunydd/Designer:
H.A. Rothhalz

86. Pink String and Sealing
Wax
1945; 29 x 40
Cynllunydd/Designer:
John Piper

87. Dead of Night
1945; 30 x 40
Cynllunydd/Designer:
Leslie Hurry

88. Painted Boats
1945; 29 x 40
Cynllunydd/Designer:
John Piper

89.

90.

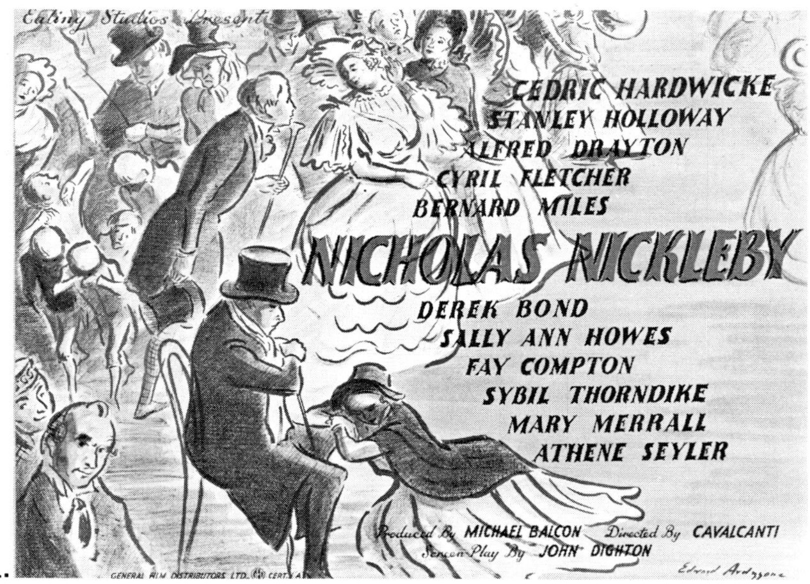

91.

89. Johnny Frenchman
1945; 28 x 39
Cynllunydd/Designer:
Barnett Freedman

90. Hue and Cry
1947; 30 x 40
Cynllunydd/Designer:
Edward Bawden

91. Nicholas Nickleby
1947; 30 x 40
Cynllunydd/Designer:
Edward Ardizzone

92.

92. Against the Wind
1948; 29 x 39
Cynllunydd/Designer:
Manfred Reiss

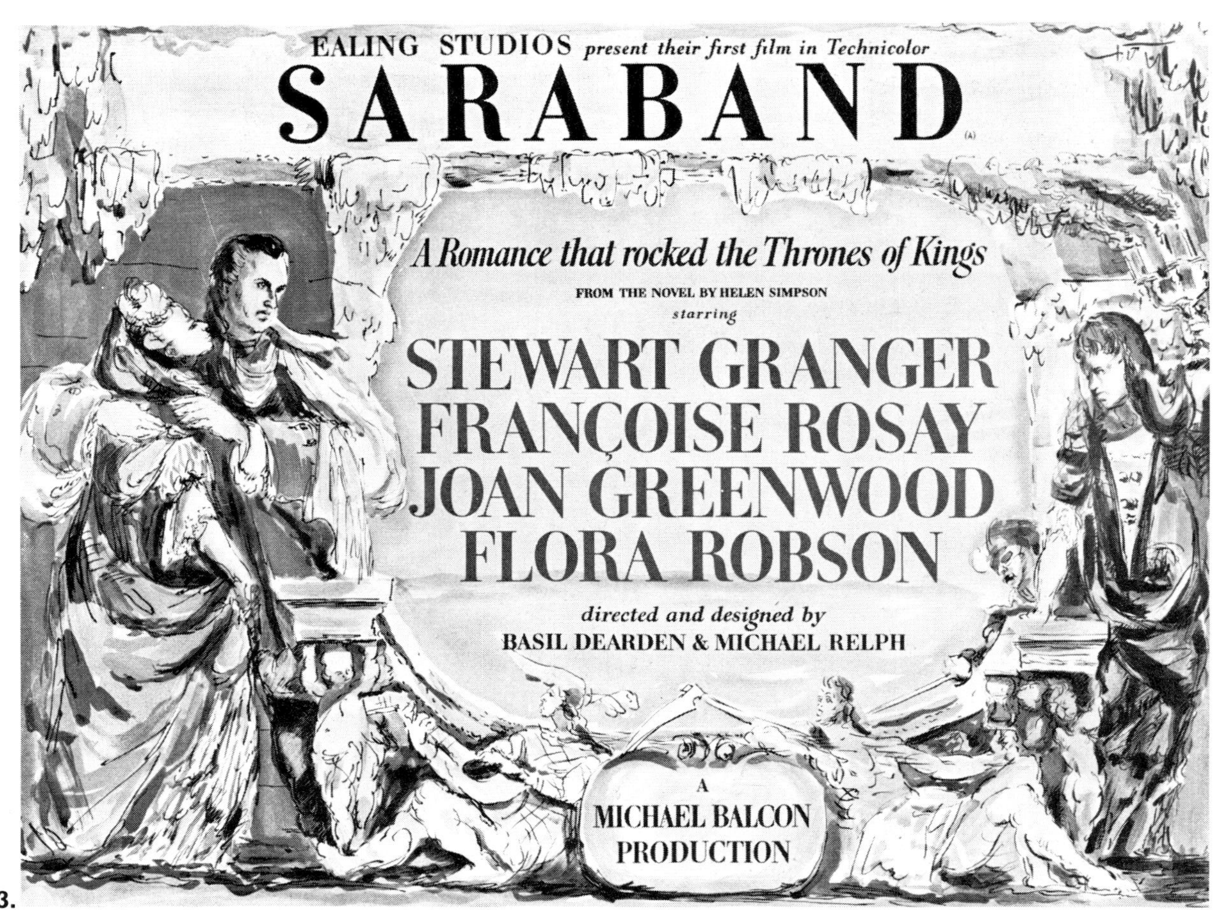

93.

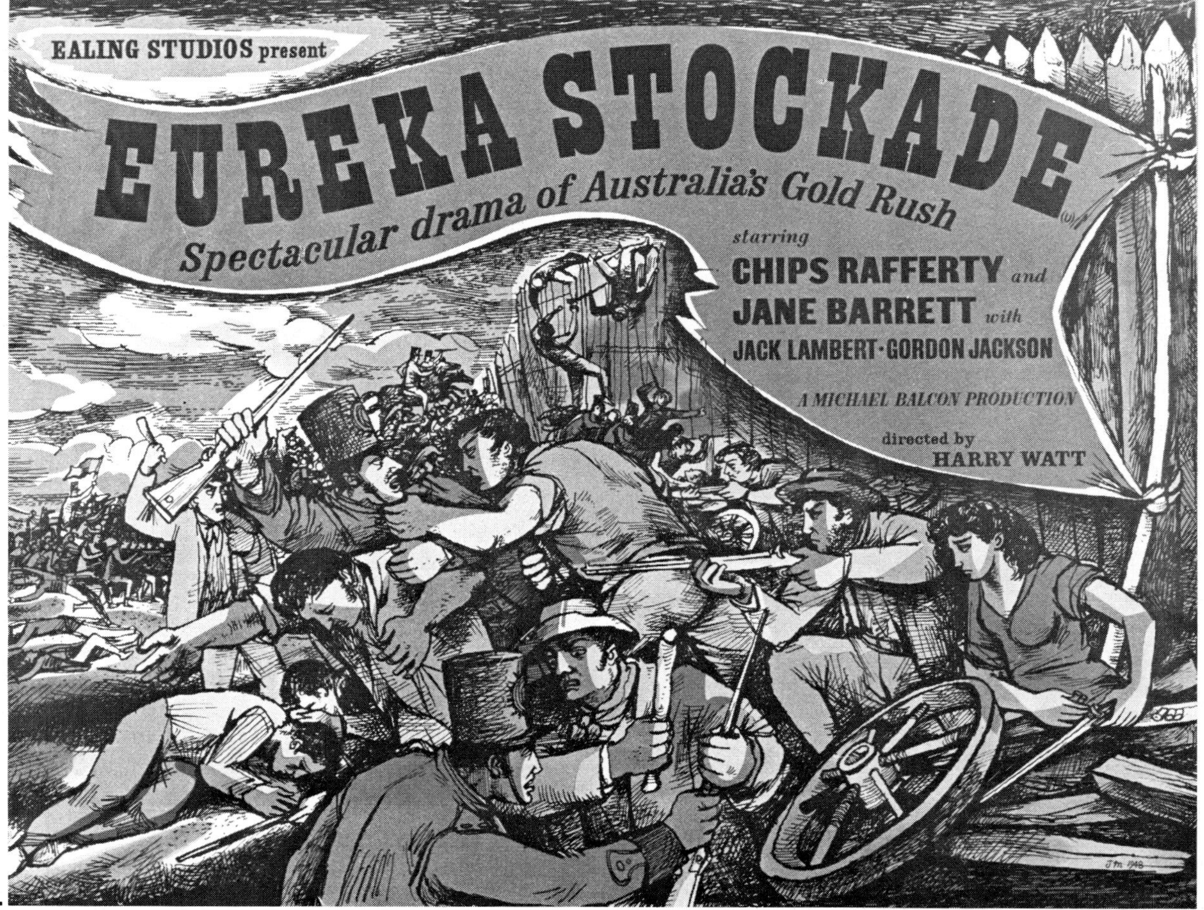

94.

93. Saraband
1948; 22 x 28
Cynllunydd/Designer:
Robert Medley

94. Eureka Stockade
1949; 22 x 28
Cynllunydd/Designer:
John Minton

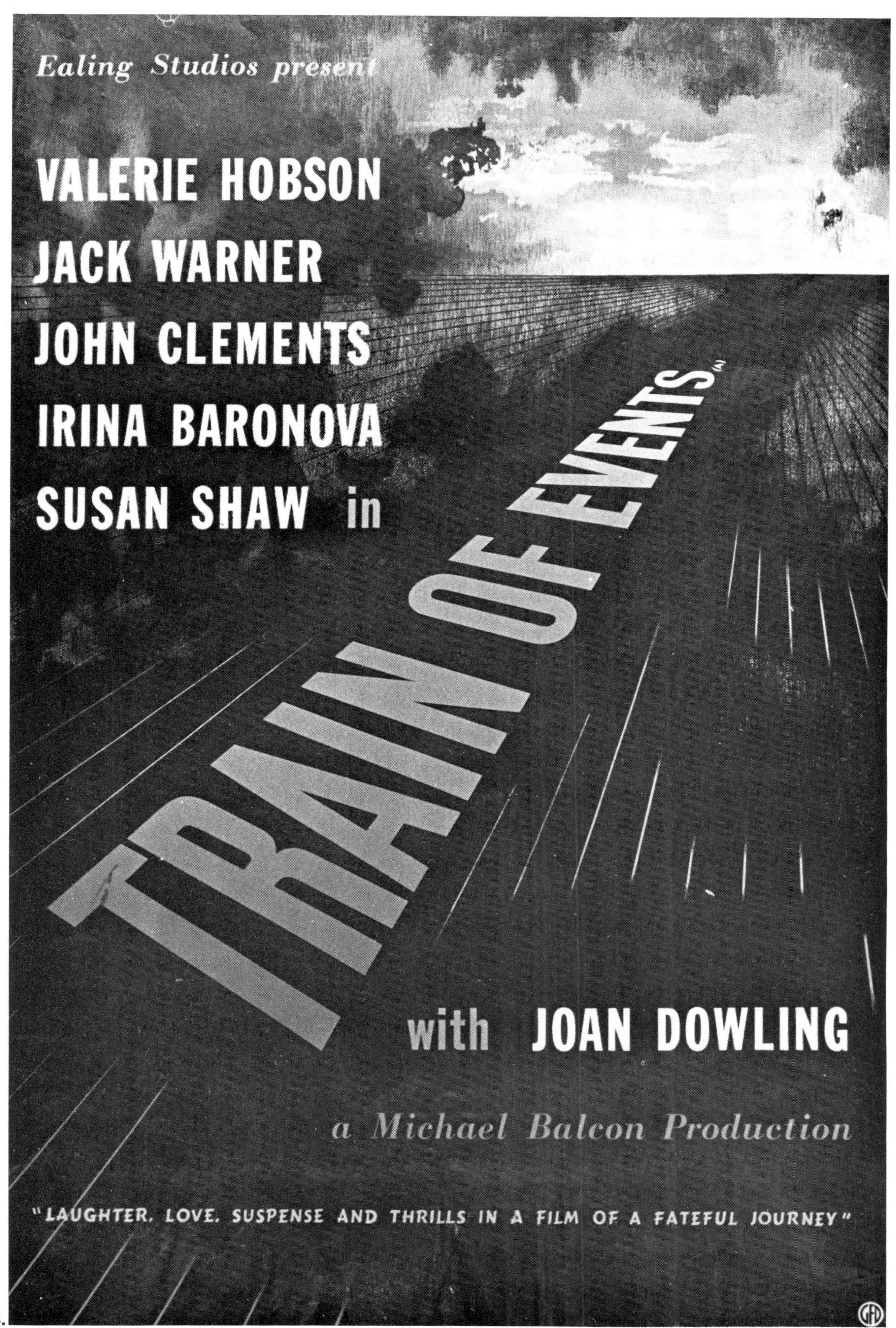

95. Train of Events
1949; 30 x 20
Cynllunydd/Designer:
Reginald Mount

96.

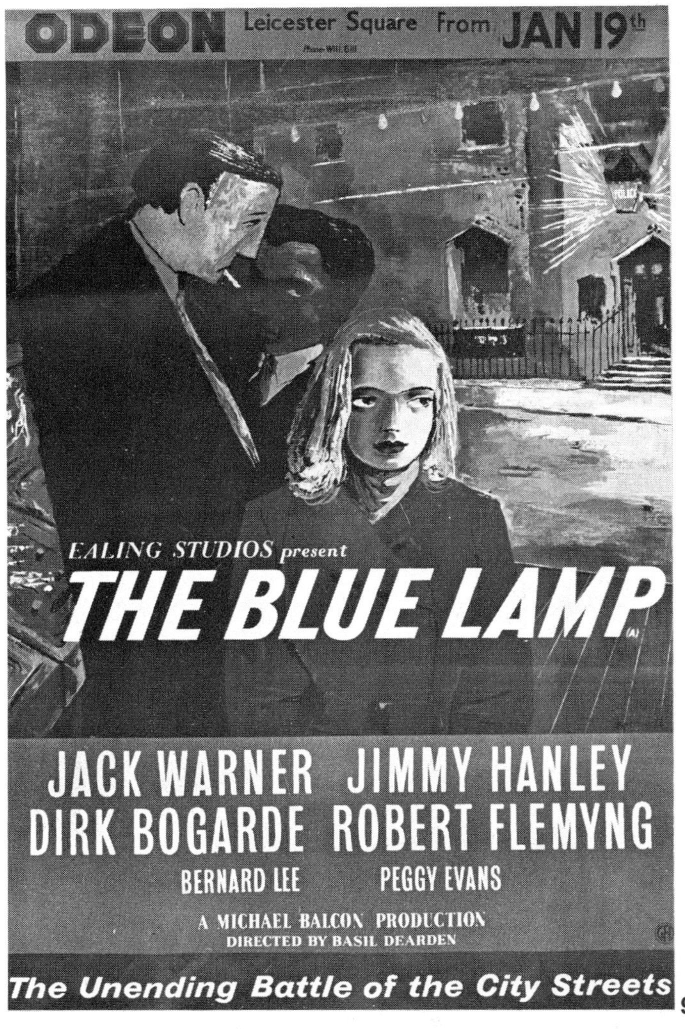

97.

98.

99.

96. Kind Hearts and Coronets
1949; 30 x 20
Cynllunydd/Designer:
James Fitton

97. The Blue Lamp
1950; 30 x 20
Cynllunydd/Designer:
James Boswell

98. The Lavender Hill Mob
1950-51; 30 x 40
Artist: Ronald Searle,
Cynllunydd/Designer:
S. John Wood

99. Where No Vultures Fly
1950-51; 30 x 40
Cynllunydd/Designer:
John Minton

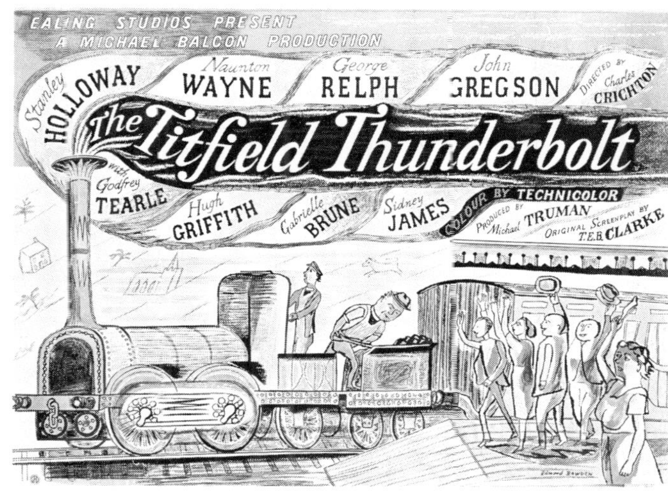

100. His Excellency
1951; 30 x 40
Cynllunydd/Designer:
James Boswell

101. The Gentle Gunman
1952; 30 x 40
Cynllunydd/Designer:
James Boswell

102. Titfield Thunderbolt
1953; 30 x 40
Cynllunydd/Designer:
Edward Bawden

103. The Cruel Sea
1953; 30 x 40
Cynllunydd/Designer:
Colin Walklin

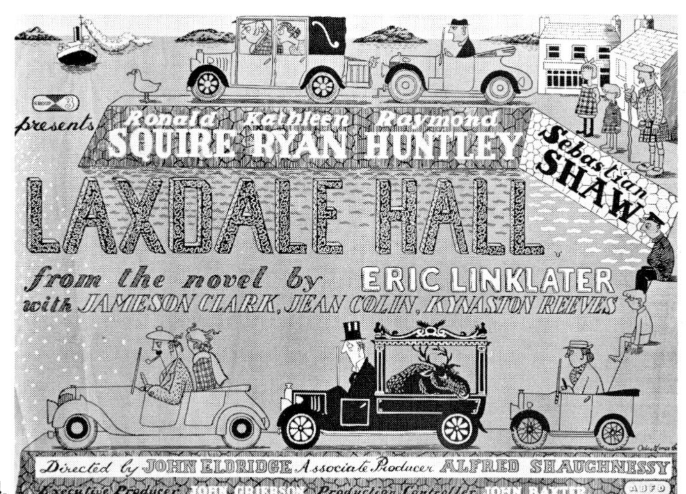

104.

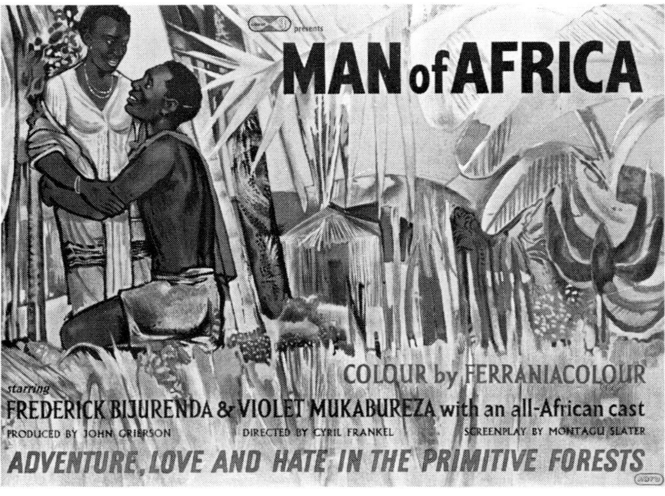

106.

105.

107.

104. Laxdale Hall
1952; 30 x 40
Cynllunydd/Designer:
Osbert Lancaster

105. The Second
Mrs Tanqueray
1952; 30 x 40
Cynllunydd/Designer:
Charles Mozley

106. Man of Africa
1953; 30 x 40

107. Background
1953; 30 x 40
Cynllunydd/Designer:
Frederick Middlehurst

108.

108. The Way Ahead, 1943-44
Braslun yr Artist/
Artists Rough 13 x 19
Cynllunydd/Designer:
Abram Games

109.

112.

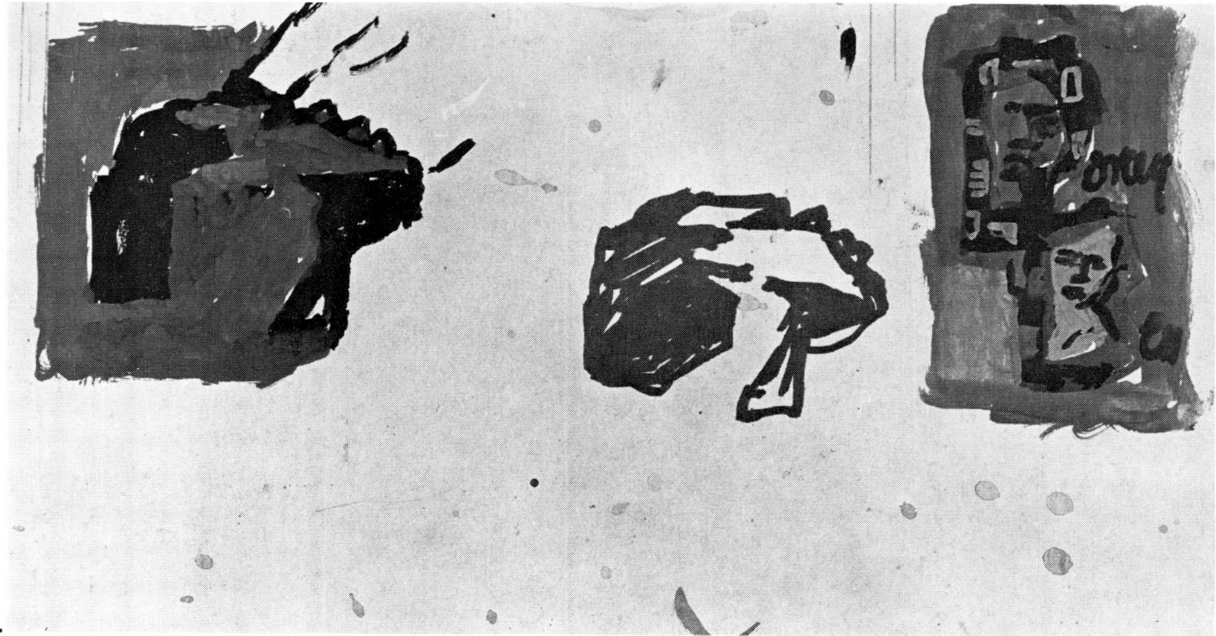

110.

111.

109. Porgy and Bess, 1958
Braslun yr Artist/
Artists Rough 7½ x 10½
Cynllunydd/Designer:
Abram Games

110. Porgy and Bess, 1958
Braslun yr Artist/
Artists Rough 8½ x 16
Cynllunydd/Designer:
Abram Games

111. Porgy and Bess, 1958
Braslun yr Artist/
Artists Rough 20 x 16
Cynllunydd/Designer:
Abram Games

112. Porgy and Bess, 1958
Braslun yr Artist/
Artists Rough 12 x 15½
Cynllunydd/Designer:
Abram Games

113. Porgy and Bess
Gwaith celf wedi'iail-lunio/
Reconstructed artwork 1977
Cynllunydd/Designer:
Abram Games

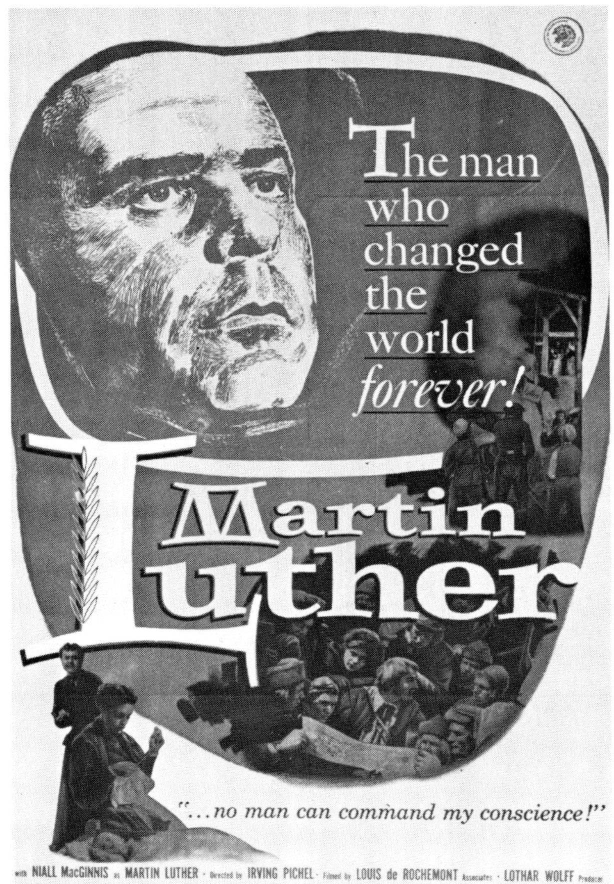

114. Martin Luther
1953; 41 x 27

115. My Sister Eileen
1955; 41 x 27

116. The Man with the Golden
Arm
1955; 41 x 27

117. Bonjour Tristesse
1957; 41 x 27
Cynllunydd/Designer:
Saul Bass

118.

119.

120.

121.

118. The Great Dictator
1958; 41 x 27

119. The Case Against
Brooklyn
1958; 41 x 27

120. Ben Hur
1959; 41 x 27

121. Expresso Bongo
1959; 30 x 20

122.

123.

122. The Music Room
1959; 30 x 40

123. The Lady with the Little
Dog
1962; 30 x 40

124.

124. Exodus
1960; 41 x 27
Cynllunydd/Designer:
Saul Bass

125.

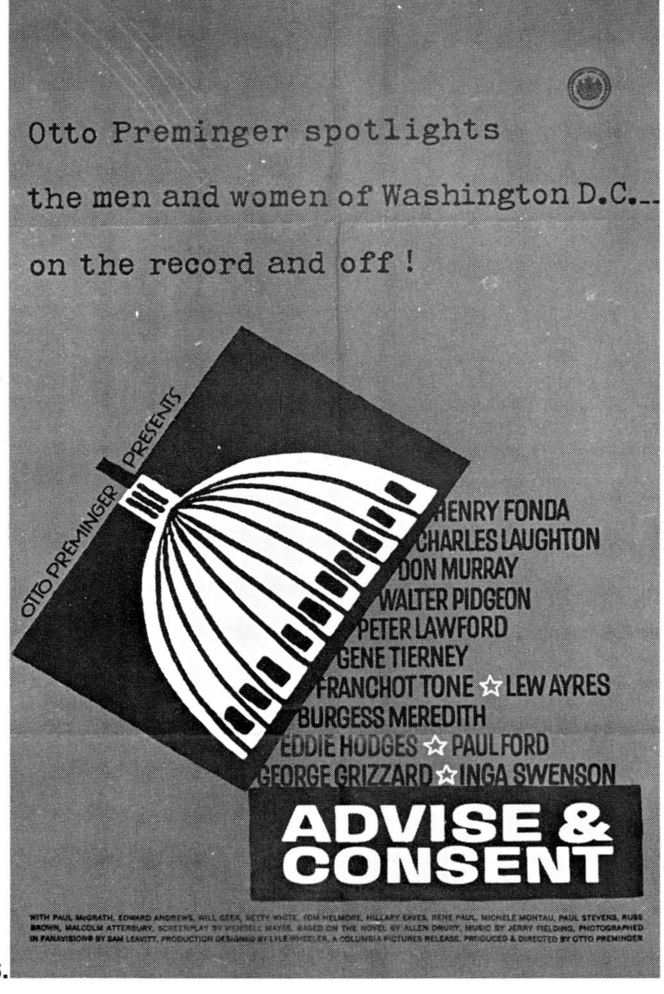

126.

127.

125. One Two Three
1962; 41 x 27
Cynllunydd/Designer:
Saul Bass

126. Advise and Consent
1962; 41 x 27
Cynllunydd/Designer:
Saul Bass

127. The Nanny
1965; 41 x 27

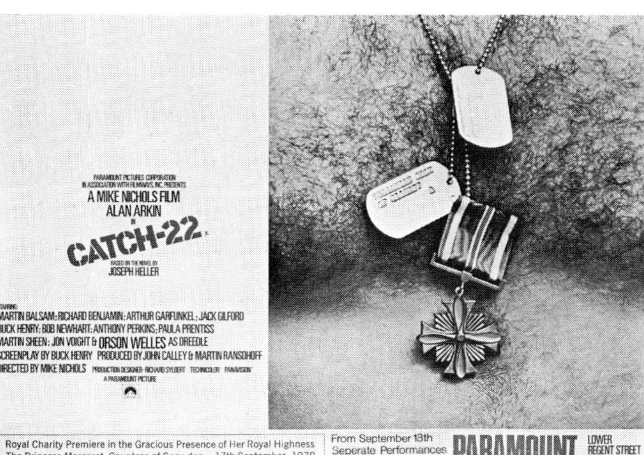

128.

130.

129.

131.

128. Dr. Strangelove
1963; 30 x 40
Cynllunydd/Designer:
Tomi Ungerer

129. Catch 22
1968; 30 x 40

130. Carry on up the Jungle
1968; 30 x 40

131. The Illustrated Man
c.1960; 30 x 40

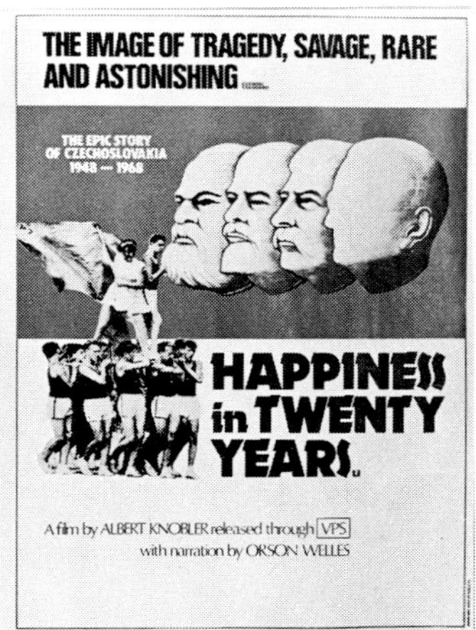

132.   134.

133.   136.

135.

132. Wusa
1969; 30 x 40

133. Jack Johnson/The Baddest
Daddy in the Whole World
1970-73; 30 x 40

134. Millhouse/Happiness
in 20 years
1970-73; 30 x 40

135. Final Programme
40 x 27

136. Gumshoe
30 x 40

137.

137. Isadora
1967; Braslun/Rough Sketch
22 x 29
Cynllunydd/Designer:
Vic Fair

138.

139.

138. Here We Go Round the Mulberry Bush, 1968; Braslun wedi'i orffen/ Finished Rough 22 x 31 Cynllunydd/Designer: Eric W. Pulford

139. Here We Go Round the Mulberry Bush 1968; 30 x 40 Cynllunydd/Designer: Vic Fair

VANESSA is

...vans, Judy Geeson, Angela Scoular, Sheila White, Adrienne Posta,
...Diane Keen. Music by The Spencer Davis Group & Stevie Winwood and the Traffic
...inter Davis from his novel. Additional Dialogue by Larry Kramer
...icer Larry Kramer. Produced & Directed by Clive Donner colour by deluxe

140. The Great Battle ,1968;
Gwaith celf syflwyno/
Presentation Artwork 31 x 41
Cynllunydd/Designer:
Vic Fair

141.

142.

143.

144.

141. Carry on Dick , 1972;
Gwaith celf wedi'i orffen/
Finished Artwork 32 x 44
Artist: Arnaldo Putzu
Cynllunydd/Designer:
Eric Pulford

142. Carry on Dick
1972; 30 x 40
Artist: Arnaldo Putzu
Cynllunydd/Designer:
Eric Pulford

143. Gold, 1972;
Gwaith celf wedi'i orffen/
Finished Artwork 35 x 45
Artist: Brian Bysouth
Cynllunydd/Designer:
Vic Fair

144. Gold
1972; 30 x 40
Artist: Brian Bysouth
Cynllunydd/Designer:
Vic Fair

145.

146.

145. The Legend of the Seven
Golden Vampires,1973;
Braslun/Rough Sketch 31 x 20
Cynllunydd/Designer:
Vic Fair

146. The Legend of the Seven
Golden Vampires,1973; 30 x 40
Artist: Brian Bysouth
Cynllunydd/Designer:
Vic Fair

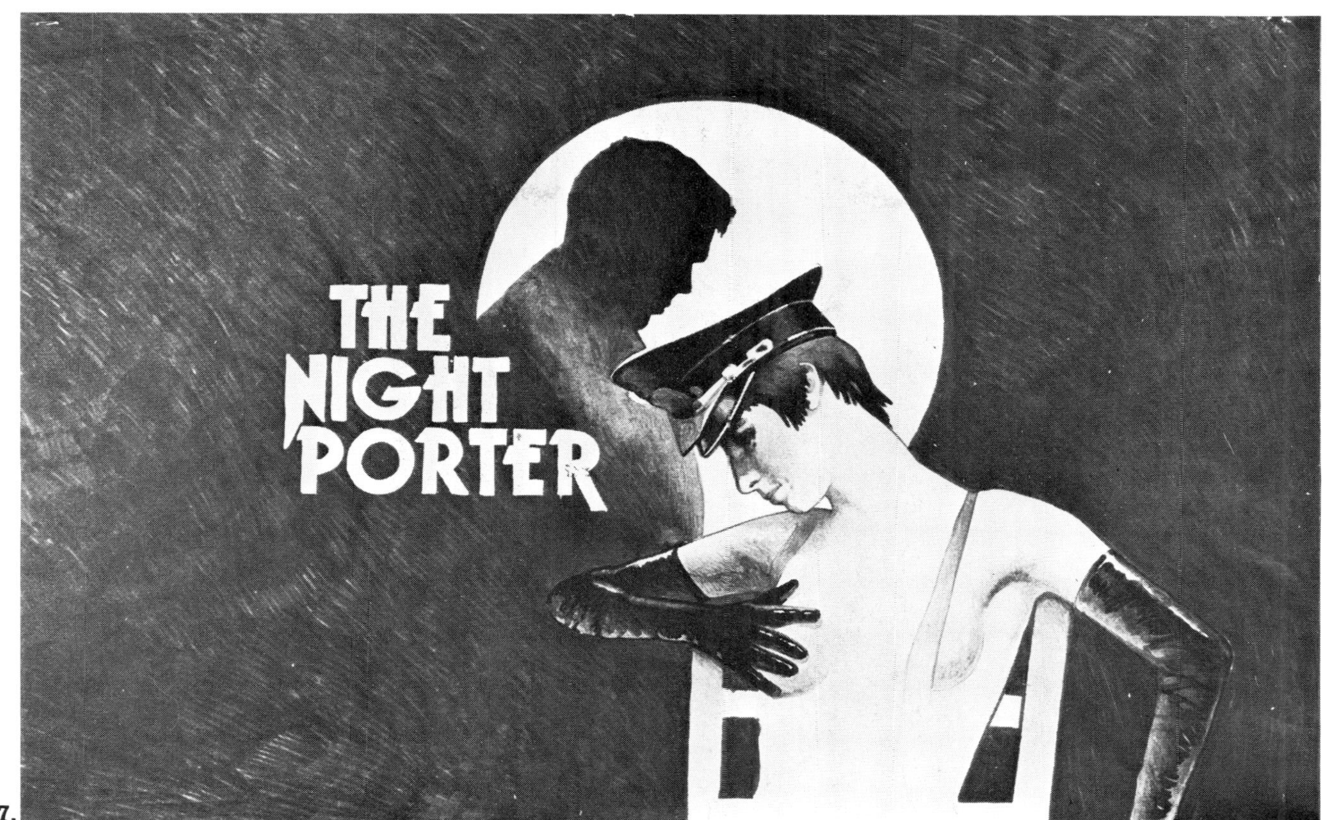

147.

JOSEPH E. LEVINE presents for ITAL NOLEGGIO CINEMATOGRAFICO The ROBERT GORDON EDWARDS/ESA DE SIMONE Production of
A Film by LILIANA CAVANI starring DIRK BOGARDE · CHARLOTTE RAMPLING in "THE NIGHT PORTER"
with PHILIPPE LEROY and with GABRIELE FERZETTI in the role of 'Hans' · Screenplay by LILIANA CAVANI and ITALO MOSCATI
Produced by ROBERT GORDON EDWARDS for Lotar Film s.r.l. · Directed by LILIANA CAVANI · TECHNICOLOR* AN AVCO EMBASSY RELEASE

148.

147. The Night Porter, 1974;
Braslun Cyflwyno/
Presentation Rough 22 x 32
Cynllunydd/Designer:
Michael Bennallack-Hart

148. The Night Porter
1974; 30 x 40

149. Young Winston, 1974;
Braslun/Rough Sketch 21 x 26
Cynllunydd/Designer:
Eric Pulford

150. Young Winston
1974; 30 x 40
Cynllunydd/Designer:
Arthur Bennett

151. The Belstone Fox, 1974;
Braslun/Rough Sketch 20 x 31
Cynllunydd/Designer:
Eric Pulford

152. The Belstone Fox
1974; 30 x 40
Artist: Brian Bysouth
Cynllunydd/Designer:
Eric Pulford

153.   **154.**

155.   **156.**

157. Amarcord
1974; 30 x 40
Cynllunydd/Designer:
Vic Fair

153. Amarcord
1974; 20 x 20
Cynllunydd/Designer:
Eric Pulford

154. Amarcord, 1974;
Braslun/Rough Sketch 31 x 20
Cynllunydd/Designer:
Eric Pulford

155. Amarcord, 1974;
Braslun/Rough Sketch 20 x 24
Cynllunydd/Designer:
Eric Pulford

156. Amarcord, 1974;
Braslun/Rough Sketch 31 x 20
Cynllunydd/Designer:
Vic Fair

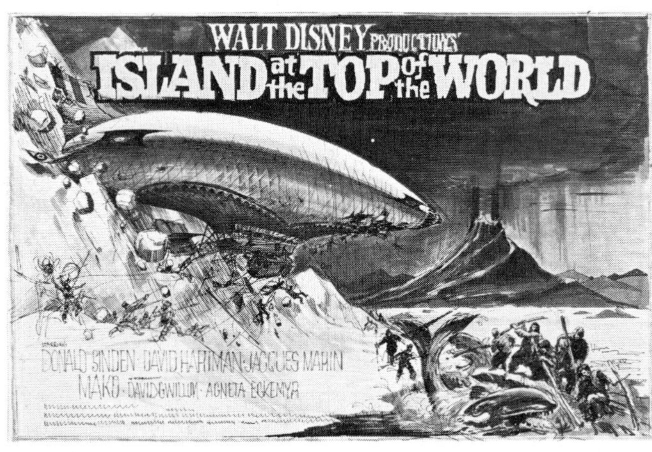

158. Carry on Girls, 1974;
Braslun/Rough Sketch 20 x 31
Cynllunydd/Designer:
Eric Pulford

159. Island at the Top of the
World, 1974;
Braslun/Rough Sketch 20 x 31
Cynllunydd/Designer:
Eric Pulford

160. Vampire Circus, 1975;
Braslun/Rough Sketch 19 x 25
Cynllunydd/Designer:
Vic Fair

161. Vampire Circus
1975; 30 x 40
Cynllunydd/Designer:
Vic Fair

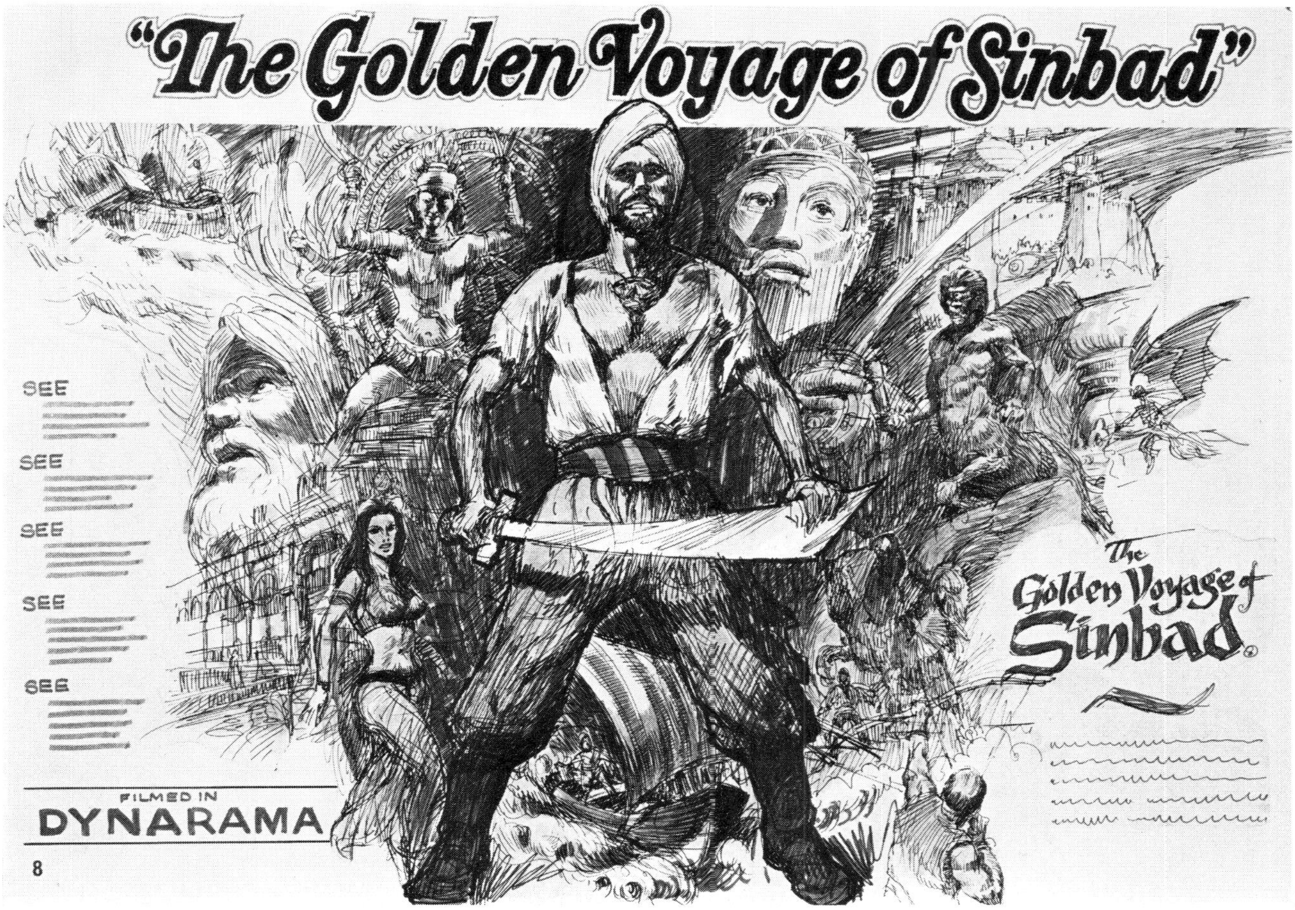

163.

164.

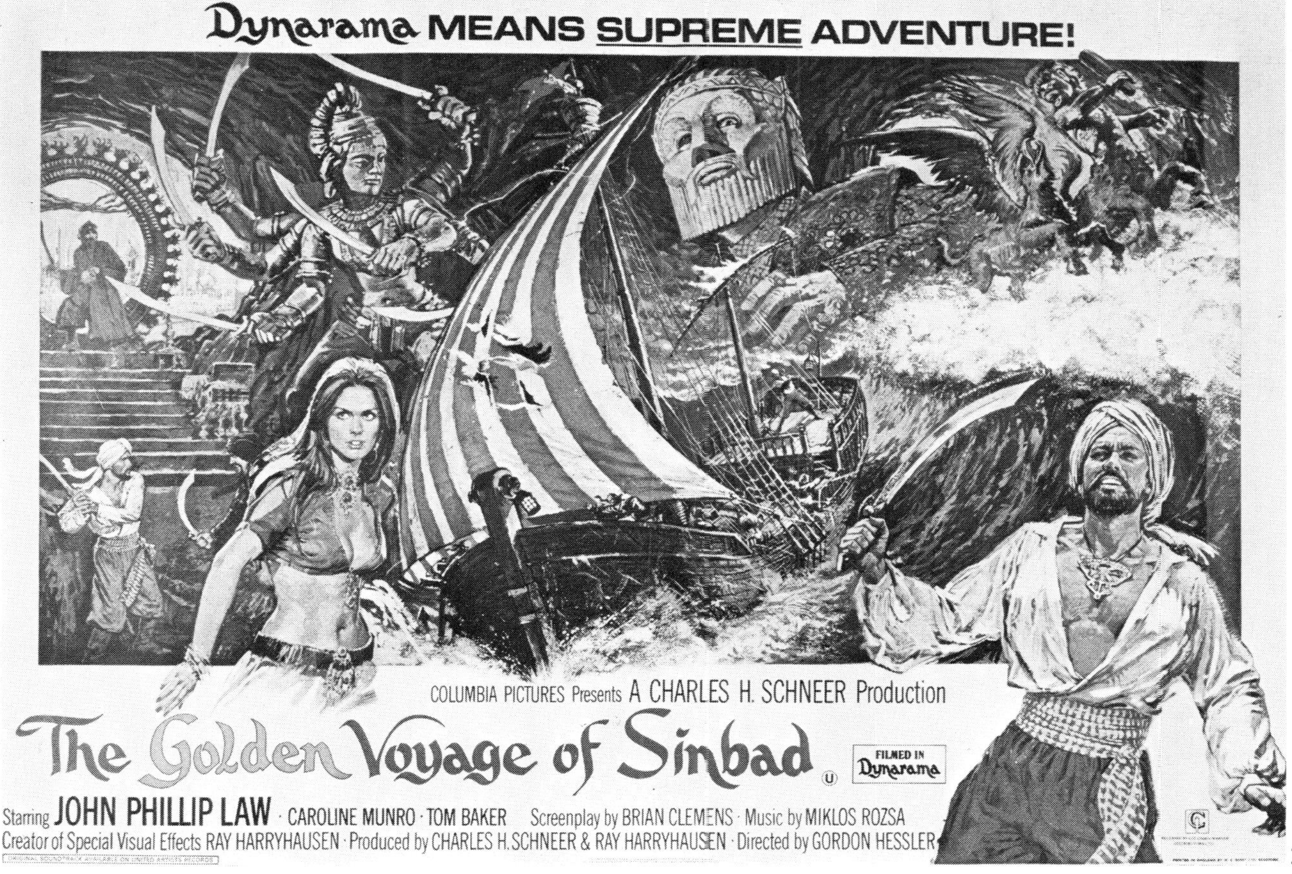

163. The Golden Voyage of Sinbad, 1975;
Braslun/Rough Sketch 22 x 31
Cynllunydd/Designer:
Eric Pulford

164. The Golden Voyage of Sinbad, 1975; 30 x 40
Artist: Brian Bysouth
Cynllunydd/Designer:
Eric Pulford

162.

167.

162. I Don't Want to be Born
1975;
Braslun/Rough Sketch 19 x 24
Cynllunydd/Designer:
Vic Fair

167. Fury Rides the Wind, 1975;
Braslun/Rough Sketch 20 x 30
Cynllunydd/Designer:
Eric Pulford

165.

166.

165. It's Alive, 1975;
Braslun/Rough Sketch 19 x 22
Cynllunydd/Designer:
Vic Fair

166. It's Alive
1975; 30 x 40
Cynllunydd/Designer:
Vic Fair

170.

171.

170. Mohammad, 1976;
Braslun/Rough Sketch 24 x 34
Cynllunydd/Designer:
Eric Pulford

171. Mohammad, 1975;
Braslun yr Artist/
Artists Rough 23 x 33
Cynllunydd/Designer:
Eric Pulford

172.

173.

172. Mohammad, 1975;
Braslun Cyflwyno/
Presentation Rough 24 x 34
Cynllunydd/Designer:
Vic Fair

173. The Message, 1976;
30 x 40
Artist: Brian Bysouth
Cynllunydd/Designer:
Eric Pulford

168.

174.

169.

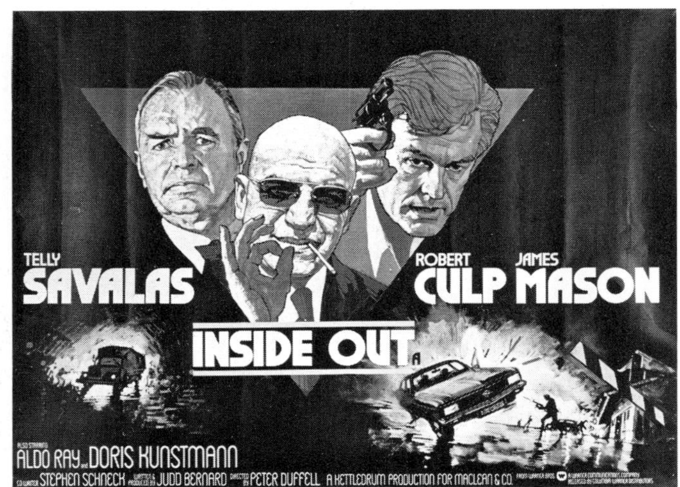

175.

168. The Man Who Fell To Earth, 30 x 40
Cynllunydd/Designer:
Vic Fair

169. The Man Who Fell To Earth, 88 x 40
Cynllunydd/Designer:
Vic Fair

174. Inside Out
1976; Artwork 22 x 32
Artist: Arnaldo Putzu
Cynllunydd/Designer:
Vic Fair

175. Inside Out
1976; 30 x 40
Artist: Arnaldo Putzu
Cynllunydd/Designer:
Vic Fair

176. The Sell Out, 1976;
Braslun/Rough Sketch 22 x 30
Cynllunydd/Designer:
Eric Pulford

177. The Sell Out, 1976;
Braslun/Rough Sketch 24 x 34
Cynllunydd/Designer:
Eric Pulford

178. The Sell Out, 1976;
30 x 40
Artist: Renato Fratini
Cynllunydd/Designer:
Eric Pulford

179. Lisztomania, 1976;
Braslun/Rough Sketch 18 x 24
Cynllunydd/Designer:
Vic Fair

180. Lisztomania, 1976;
Gwaith celf wedi'i orffen/
Finished Artwork 35 x 45
Cynllunydd/Designer:
Vic Fair

181.

181. Lisztomaria
1976; 30 x 40
Cynllunydd/Designer:
Vic Fair

182.

183.

182. Nickleodeon
1976; Braslun Cyflwyno/
Presentation Rough 56 x 37
Cynllunydd/Designer:
Vic Fair

183. Nickleodeon
1976; 40 x 27
Artist: Brian Bysouth
Cynllunydd/Designer:
Vic Fair

184.

187.

188.

185.

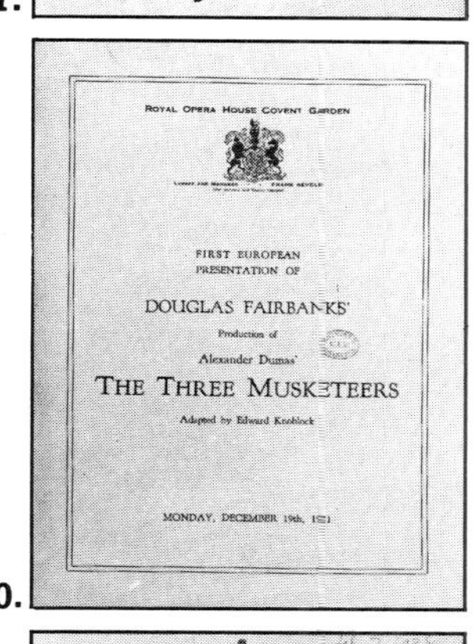

190.

192.

186.

191.

193.

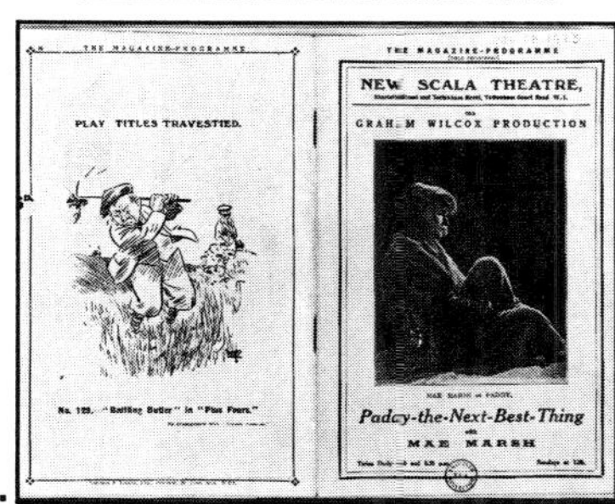

189.

184. The Merry Widow
Rhagfyr/December 1926;
10 x 7

188. Orphans of the Storm
1923; 8 x 5

185. The White Sister
Ebrill/April 15, 1924;
10 x 7

189. Paddy the Next Best
Thing Ionawr/January 26,
1923; 8 x 5

192. Blood and Sand
Tachwedd/November 1922;
8 x 5

186. He Who Gets Slapped
Ionawr/January 15, 1924;
10 x 7

190. The Three Muskateers
Rhagfyr/December 19, 1921;
10 x 7

193. The Thief of Bagdad
Hydref/October 25, 1924;
8 x 5

187. Ben Hur
Tachwedd/November 8, 1926;
10 x 7

191. Gerald Cranston's Lady
Chwefror/February 7, 1925;
10 x 7

Mynegai o'r Benthycwyr
Index of Lenders

Netherlands Film Museum

2, 3, 4, 5, 6, 7, 9, 10, 11, 12, 13, 14, 16, 17, 18, 19, 20, 21,
22, 23, 31, 32, 33, 34, 35, 36, 37, 38, 39, 40, 41, 43,
46, 48, 49, 50, 51, 54, 55, 56, 57, 58, 60, 62, 63, 64,
65, 71, 72, 76, 83, 114, 115, 116, 117, 118, 119, 120, 124,
125, 126, 127.

Victoria & Albert Museum

1, 24, 25, 27, 42, 45, 52.

Victoria & Albert Theatre Museum

184, 185, 186, 187, 188, 189, 190, 191, 192, 193.

National Film Archive

8, 15, 26, 28, 29, 30, 44, 47, 53, 59, 61, 66, 67, 68, 69,
70, 73, 74, 75, 77, 78, 79, 80, 81, 82, 84, 85, 86, 87,
88, 89, 90, 91, 92, 93, 94, 95, 96, 97, 98, 99, 100, 101,
102, 103, 104, 105, 106, 107, 121, 128, 129, 130, 131, 132,
135, 136.

Abram Games

108, 109, 110, 111, 112, 113.

Peter Strevens

122, 123, 133, 134.

Roe Downton Ltd.

137, 138, 139, 140, 141, 142, 143, 144, 145, 146, 147, 148,
149, 150, 151, 152, 153, 154, 155, 156, 157, 158, 159, 160,
161, 162, 163, 164, 165, 166, 167, 168, 169, 170, 171, 172,
173, 174, 175, 176, 177, 178, 179, 180, 181, 182, 183.

Cynllunio'r Arddangosfa a'r Argraffwaith
Exhibition and Print Design/**Design Systems**
Adeiladu'r Arddangosfa
Exhibition Construction/**Panic Scenery**
Fframio'r Posteri
Poster Framing/**Marlborough Productions**
Ffotograffwaith
Photography/**Colin Molyneux**
Argraffydd
Printer/**Commercial and Sporting Printers**
Cyfieithu
Translation/**Siân Edwards**
Cynorthwywr yr Arddangosfa
Exhibition Assistant/**Laurie Walker**

ISBN. 0 905171 20 9.